Le *pouvoir* des mots

Catalogage avant publication de Bibliothèque et Archives nationales du Québec et Bibliothèque et Archives Canada

Titre: Le pouvoir des mots : l'éveil de notre pouvoir créateur / Sylvie Provencher.
Noms: Provencher, Sylvie, 1959- auteur.
Identifiants: Canadiana (livre imprimé) 20210069767 | Canadiana (livre numérique) 20210069775 | ISBN 9782897884932 (couverture souple) | ISBN 9782897884949 (EPUB)
Vedettes-matière: RVM: Réalisation de soi—Aspect religieux. | RVM: Créativité. | RVM: Langage et langues—Aspect religieux. | RVMGF: Livres de croissance personnelle.
Classification: LCC BL624.P765 2022 | CDD 204—dc23

Avec la participation financière du gouvernement du Canada. Canada

Nous remercions la Société de développement des entreprises culturelles du Québec (SODEC) pour son appui à notre programme de publication.

Gouvernement du Québec – Programme de crédit d'impôt pour l'édition de livres – Gestion SODEC.

Infographie de la couverture : Marjorie Patry
Mise en pages : Marjorie Patry
Correction d'épreuves : Mélanie Asselin
Illustration de la couverture : Sanctuaire
huile sur toile
© Julï Lesage
www.juli.ca

Éditeur : Les Éditions Le Dauphin Blanc inc.
450, avenue Saint-Jean-Baptiste
Local 80
Québec (Québec) G2E 6H5 CANADA
Tél. : 418 845-4045
Courriel : info@dauphinblanc.com
Site web : www.dauphinblanc.com

ISBN version papier : 978-2-89788-493-2
ISBN version numérique epub : 978-2-89788-494-9

Dépôt légal : 1er trimestre 2022
Bibliothèque nationale du Québec
Bibliothèque et Archives Canada
Données de catalogage disponibles auprès de Bibliothèque et Archives nationales du Québec.

Imprimé au Canada

Limites de responsabilité
L'auteure et la maison d'édition ne revendiquent ni ne garantissent l'exactitude, le caractère applicable et approprié ou l'exhaustivité du contenu de ce programme. Elles déclinent toute responsabilité, expresse ou implicite, quelle qu'elle soit.

Sylvie Provencher
Autrice des livres *Quand revient le Söleil* et *Fais-moi Signe!*

Le *pouvoir* des mots

L'éveil de notre pouvoir créateur

Éditions Le Dauphin Blanc

Je dédie ce livre à toi, belle Ange Orégane,
dont les quelques années sur Terre auront suffi
à nous chanter tes Mots d'Amour
et éveiller nos consciences.

Table des matières

Prologue

Dès notre arrivée sur Terre, notre entourage a commencé à nous parler. Parfois en mots, parfois en phrases. Toujours dans le but de nous éveiller à la vie. Une répétition qui a éventuellement suscité un désir de nous faire répéter ces mots à notre tour.

Et voilà que durant notre tendre enfance, un professeur nous a appris les lettres de l'alphabet. Des lettres qui, peu à peu, se sont regroupées pour former des mots. Des courts et des longs. Des mots qui se sont unis sur papier pour former des phrases. Des courtes et des plus longues. Toutes renfermant un message.

Un message pour le destinataire. Un message pour soi aussi, car tout nous revient un jour ou l'autre. Puis, surtout, une demande à l'Univers.

Et parce que l'Univers, dans sa grande générosité, répond à toutes les demandes, conscientes et inconscientes, verbales et écrites, nous sommes certains que nous recevrons ce que nous avons demandé. Assurons-nous donc que la portée que nous octroyons à nos mots et à nos phrases soit identique dans le dictionnaire de l'Univers. Nous éviterons ainsi que les « cadeaux » nous parviennent dans des emballages différents de ceux que nous avions imaginés.

Ce qui est merveilleux dans tout cela, c'est que le langage de l'Univers s'apprend facilement.

Vous aimeriez que je vous partage mes connaissances à ce sujet ?

Je vous invite à me suivre tout au long des 36 chapitres que contient ce livre et vous saurez, vous aussi, éveiller votre pouvoir créateur grâce aux mots que vous utilisez !

Sylvie (Fée de la Vie)

Chapitre 1

Mot d'introduction

J'ai toujours lu mes cartes d'anniversaire avant d'ouvrir mes cadeaux. Et c'est encore vrai à 62 ans. Un amour des mots inscrit dans mon âme à l'encre indélébile.

Certains s'entraînent pour se rendre aux jeux olympiques. Je m'investis depuis toutes ces années dans le but de me rendre jusqu'à vous, grâce à mes mots.

Faire de mes mots la clé pour entrer dans votre cœur. Des mots d'amour, de paix, de lumière et de joie.

Des phrases cousues de silence aussi.

Lorsque j'ai reçu les exemplaires de mon deuxième livre, « Fais-moi Signe », j'ai vu qu'il était 12:34 sur l'horloge de ma cuisine. Le signe ultime que j'ai un autre livre à écrire. Les mots qui ont alors résonné en moi furent : *« Encore ! Vous en désirez un autre ? »* La réponse de l'Univers s'est aussitôt exprimée dans un langage où les sourires remplacent les mots.

Puis, j'ai oublié cette demande. Volontairement, fort probablement. Le temps de savourer vos nombreux mots de gratitude à la suite de la lecture de mon second livre.

Le temps aussi de me dire que d'avoir écrit deux livres en temps de Covid, c'était bien suffisant.

Et tout comme notre extérieur pandémique, mon intérieur s'est mis sur pause.

Un arrêt d'actions et un arrêt de mots.

Tout s'est immobilisé en moi et autour de moi.

Avais-je terminé ma mission en cette vie ?

C'est en ce 27 juillet 2021, au moment où j'ai ressenti un appel très fort de reprendre la plume afin de faire équipe, une fois de plus, avec mes alliés de l'autre côté du voile – et que j'ai répondu *« OUI »* – qu'une grande joie a aussitôt occupé tout mon espace vital. Tout ce qui hibernait s'est réveillé. Un éveil plus grand que nature.

Pendant que certains convoitent présentement une médaille d'or à Tokyo, je recommence à aligner des mots, des phrases, afin de marcher un relais de quatre mois jusqu'à vous.

Et je me dis que si un petit mot de quelques lettres a pu contribuer à me créer un tout nouveau quotidien, je me plais à imaginer ce que de nombreux paragraphes étalés sur plusieurs pages pourront éveiller dans ma vie et, je le souhaite de toute mon âme, dans la vôtre aussi.

Du gros bonheur de me savoir déjà en route vers vous, empruntant ce chemin où le choix des mots nous propulse toujours plus vers notre soleil intérieur.

C'est puissant le choix des mots et c'est un pouvoir que nous détenons tous.

C'est sûrement similaire à ce que les médaillés au trampoline doivent ressentir : cette sensation de toucher le ciel du bout des doigts.

Et c'est un voyage qui dure beaucoup plus longtemps que du 23 juillet au 8 août 2021. En fait, c'est un Voyage au goût d'éternité auquel je vous invite avec tout mon amour !

Chapitre 2

Jamais, toujours, rien

J'ai toujours dit que je ne reviendrais jamais habiter à Montréal. J'ai toujours dit que je ne serais plus jamais propriétaire. J'ai toujours dit que je ne demeurerais plus jamais au niveau terrasse. Et que je n'écrirais plus jamais de livre dans un environnement extérieur bruyant en musique de fond. En fait, je n'ai peut-être plus rien à dire.

En janvier 2021, je suis devenue propriétaire d'une unité de condominium au niveau terrasse à Montréal. En juillet de la même année, je débute l'écriture de mon troisième livre. Ah oui, j'oubliais de vous dire, les scies qui coupent les briques sur des édifices en face du mien m'honorent de leur musique, en plus de la gamme d'outils permettant de remplacer les planchers de bois franc dans des unités adjacentes à la mienne. Et je ressens que j'ai encore des mots à vous partager.

En fait, je suis consciente que les mots « toujours », « jamais » et « rien » que j'ai utilisés à profusion dans mon passé ont créé le présent que je vis maintenant. Trois petits mots d'une grande puissance. Trois mots de peu de syllabes qu'une grande sage m'avait un jour fortement invitée à retirer de mon vocabulaire. Trois mots que je me suis pourtant amusée à conserver. Certains parleront d'une tête forte. Je préférerais dire que je consacrais du temps à tester l'Univers.

Je savais pourtant déjà que nos pensées, et encore davantage les mots que nous écrivons ou que nous disons à haute voix, sont autant de souhaits exprimés à l'Univers. Je savais aussi que l'Univers répond à toutes nos demandes. C'est pourtant surprenant que nous soyons souvent les premiers à nous en étonner.

C'est sûr que les mots « toujours », « jamais » et « rien » habitent aux extrémités du pôle des possibles. Ça me fait penser au chapitre des appels d'offres, où on se fait dire de retirer le plus bas et le plus haut soumissionnaires, puis de considérer ceux qui se trouvent au milieu. Serait-ce dire qu'il y a un prix à payer à désirer s'éloigner du centre ?

Le mot « toujours » serait-il associé à une rigidité, à un manque de flexibilité, à un refus du changement ?

Le mot « jamais » représenterait-il un déni de voir l'infini des possibilités qui s'offrent à nous ?

Le mot « rien » serait-il une sensation de vide de se retrouver devant aucun choix susceptible d'améliorer son quotidien ?

Ceci me fait penser aux gens qui, durant une consultation, me disent : « C'est toujours la même chose ; il ne se passe jamais rien dans ma vie ! »

Ce à quoi je réponds souvent : « Es-tu en train de te réjouir du fait qu'un certain passé est terminé et que le prochain segment de ta vie n'a pas encore fait son apparition, t'offrant par le fait même une multitude de choix et plein de portes à ouvrir ? »

C'est sûr que de dire haut et fort « C'est toujours aux autres que les bonnes choses arrivent » ou encore « Il ne m'arrive jamais rien de bon à moi », il y a de fortes chances pour que les situations agréables soient effectivement expérimentées par les autres. Il suffirait pourtant de remplacer ces phrases par des mots tels que « Tout ce qui m'arrive est leçon de vie pour mon âme » ou « Merci de m'aider à voir où faire les prochains pas alignés avec ma mission de vie ».

Il en est de même de la phrase dévastatrice « Tu ne réussiras jamais ! », dont la répétition peut facilement faire croire à un enfant ou à un adulte qu'il a oublié son baluchon d'aptitudes de l'autre côté du pont, avant d'entreprendre son grand voyage sur Terre. Heureusement, les mots « Je crois en toi ; tu sauras aller au bout de tes rêves » peuvent renverser la situation et en modifier complètement le parcours.

Souvenons-nous donc que ce n'est jamais tout blanc ou tout noir, que c'est toujours nuancé et que pour y avoir accès, il n'y a rien d'autre à faire que d'ouvrir tout grand notre cœur à l'amour inconditionnel.

Souvenons-nous aussi qu'il est toujours temps d'agir, car en suivant le chemin qui s'appelle « plus tard », on arrive à en endroit qui s'appelle « Jamais ». Alors, osons faire un pas dans une direction différente d'où nous nous trouvons présentement et de nombreuses nouvelles opportunités se présenteront à nous.

Nous pouvons constamment créer notre vie, en n'oubliant jamais que rien n'est immuable et en se souvenant que tout est toujours accessible.

Par exemple, au lieu de dire « Je ne serai jamais une bonne ballerine », je pourrais donner une explication du style « En cette vie, inutile d'être une ballerine chevronnée car je l'ai été dans une vie antérieure. » Je peux aussi modifier la phrase « Je n'aurai jamais de chat car je suis allergique. » par « J'aime les chats depuis tellement de vies que j'ai choisi, en cette vie, de me dédier davantage aux humains. » Un autre changement pourrait aussi s'opérer avec la phrase « Je n'ai rien d'une étoile » qui deviendrait « Je suis une étoile venue vivre une vie terrestre et je le redeviendrai par la suite ».

Nous sommes revenus sur Terre pour expérimenter tous les jamais, les toujours et les riens. Par contre, utiliser ces mots à outrance pour nous plaindre de ce que nous n'avons pas, au lieu de nous concentrer sur ce que nous avons et sur qui nous sommes, est une drôle de façon d'exprimer nos désirs. Prenons conscience que la répétition de la phrase « Moi, il n'y a rien qui me stresse ! » représente en fait un défi lancé à l'Univers de nous envoyer tout ce qui pourrait nous stresser, tant et aussi longtemps que le calme n'aura pas définitivement élu domicile en notre cœur.

Amusons-nous plutôt à voir le rien comme un appel au nouveau, en ne permettant jamais au rien de nous éteindre, mais plutôt en gardant toujours notre flamme allumée.

Comme vous pouvez le voir, rien n'a disparu dans ce chapitre, rien n'a véritablement changé. Je suis toujours à vous entretenir de mon amour des mots ; je ne voudrais surtout jamais changer ma mission de vie.

Prendre conscience de notre utilisation des mots « jamais », « toujours » et « rien » peut s'avérer un merveilleux exercice. Et puisque la vie est un jeu, je vous invite à noter les phrases que vous dites le plus souvent et qui contiennent un, deux ou trois des mots « jamais », « toujours » et « rien ».

Éclats de rire garantis !

EN RÉSUMÉ :

« Toujours », « jamais » et « rien » sont trois mots d'une grande puissance.

Chaque utilisation de ces trois mots représente un défi lancé à l'Univers.

Et l'Univers répond à tous nos souhaits.

Le désert est un vaste rien... rempli d'un potentiel exceptionnel.

Phrases que j'ai déjà lues
et mes suggestions en italique

Il n'est jamais trop tard.
C'est toujours le moment idéal.

Tu ne te tromperas jamais.
Tout est leçon de vie.

Ne cesse jamais de rêver ta vie.
Rêve continuellement ta vie.

Chapitre 3

Merci !

Aujourd'hui, c'est l'anniversaire de naissance de mon fils. Déjà 33 ans ! Un âge lourd de sens, tel qu'il vient tout juste de m'écrire. Il pense sûrement à cet homme revenu sur Terre pour semer toujours plus d'Amour. Un grand sage qui s'était octroyé seulement 33 ans pour faire sa mission de vie. Quant à moi, 33 est mon nombre d'entité, celui qui vibre le plus comme mon âme et qui me rappelle qui je suis. C'est pour cela aussi que mon deuxième livre, « Fais-moi Signe », compte 33 chapitres et que son coût, incluant les frais de poste, est de 33 $. Tous des signes pour m'aider à me souvenir que j'ai accepté de revenir sur Terre pour communiquer. Nous avons tous un nombre d'entité.

Il y a un peu plus de 33 ans, lorsque j'ai appris que j'étais finalement enceinte, j'ai tellement dit Merci à cette âme qui avait choisi d'élire domicile en mon corps pour les neuf prochains mois, et dans ma maison pour les années à venir. Merci, merci, merci ! Une séquence de 3 mots que j'ai chantée, que j'ai dansée, que j'ai laissée voyager à quiconque traversait alors mon chemin. Une répétition d'un même mot que je laissais émaner avec un porte-voix qui prenait origine dans mon cœur. Aucun mot plus puissant que « Merci » aurait pu être choisi pour transporter ma joie jusqu'aux confins du cosmos. Merci Jean-François de m'avoir choisie pour maman en cette vie ! Merci pour ces 33 années de bonheur avec toi à ce jour ! Merci d'être la belle personne que tu es pour tous ceux qui ont l'opportunité de croiser ta route à un moment ou à un autre. Merci d'Être ! Merci, tout simplement !

Et pendant que je me réjouis de passer du temps de qualité avec mon fils de plus en plus souvent depuis que j'habite à proximité de chez lui, mon attention dévie tout doucement vers le séisme de magnitude 7,2 qui a secoué Haïti hier. Notre belle planète bleue qui tremble encore une fois pour nous laisser savoir qu'elle nécessite de grands soins. Elle ne sait vraiment plus comment nous dire que la flamme qui dansait dans son cœur, et la réjouissait, devient un feu dévastateur qui donne chaud à tout son entourage. Elle ne sait plus comment nous laisser savoir que l'eau à laquelle elle s'abreuvait à sa source intérieure provoque maintenant des fissures dans sa croûte jusqu'à nous inonder de son grand chagrin.

Déjà, je dis Merci à tous ceux qui font des pieds et des mains pour étancher cette peine qui se ressent d'un continent à l'autre. Chacun de ces gestes contribue très certainement à lui témoigner notre amour de nous servir d'école en cette vie. Et en toutes circonstances où nous habitons à une distance ne nous permettant pas d'agir directement sur un feu de forêt, une inondation ou un tremblement de terre, le mieux que nous puissions faire pour aider notre belle planète est de lui dire Merci. Un énorme Merci. Un Merci de cœur. Un Merci chuchoté simultanément de chacun de nos cœurs vers le sien.

Bien sûr que ce Merci peut aussi lui être transmis les dents serrées et les larmes dégoulinant sur nos douces joues, considérant que l'ampleur de la situation dépasse ce que nous, humains, sommes à même de comprendre avec notre tête. Un Merci que nous pouvons exprimer à notre belle Terre d'Amour après avoir pris un pas de recul des arbres qui se consument ou de son sol qui se fissure afin d'avoir une vue de l'entièreté de la situation. Cette forêt qui, dans l'invisible, est porteuse de tellement de leçons de vie, ce pourquoi nous avons d'ailleurs choisi cette planète pour apprendre et nous souvenir que, malgré des apparences souvent dramatiques, la vie demeure un jeu…

Il y a plusieurs années, un grand sage m'avait dit que si tous les habitants de la Terre, sans exception et simultanément, méditaient en boucle le mot MERCI durant 30 secondes, tout se rétablirait instantanément, recréant par le fait même le climat de paix auquel nous aspirons tous.

Alors, à tous ceux qui cherchent un mantra pour les aider à cheminer sur la route de la Lumière, je vous invite à dire tout simplement « Merci ». Un mot simple et tellement puissant.

Et comme l'a un jour écrit Omraam Mikhaël Aïvanhov : « Merci, voilà le mot le plus simple, mais aussi le plus puissant, car il dénoue toutes les tensions. En prononçant ce mot, vous vous accordez avec le monde divin, vous sortez du cercle rétréci de votre moi limité pour entrer dans la paix de la conscience cosmique. Restez le plus longtemps possible dans cet état. Quand vous reviendrez à vous, vous sentirez que des éléments nouveaux, très précieux, se sont introduits dans votre être : la sérénité, la lucidité, la force. »

Aussi, alors que je termine l'écriture de ce chapitre, je reçois ce gentil message à la suite d'une récente consultation vidéo : « Un petit mot pour te dire que tu as vraiment impressionné mon amie. Elle était très heureuse de cette lumineuse rencontre. Merci d'être qui tu es ma belle Âmie. »

« Merci » est un mot plein de magie et de féerie. Plus on le dit et plus on l'écrit, plus on le reçoit aussi à son tour. Un effet boomerang qui fait du bien.

Alors, Merci, Merci, Merci à chacun de vous qui choisissez en toute conscience d'ajouter ce petit mot pour parsemer de gratitude votre quotidien et, par le fait même, celui de votre entourage et celui de la Terre !

EN RÉSUMÉ :

« Merci » est le plus beau des mantras.

« Merci » est un mot simple et puissant.

« Merci, Merci, Merci » est une suite de mots qui ajoute de la magie et de la féerie dans notre vie.

Phrases que j'ai déjà lues
et mes suggestions en italique

Merci à ceux qui prennent la peine de m'écrire !
Merci à tous ceux qui m'écrivent !

Ne vous en privez pas !
Savourez l'abondance !

Chapitre 4

Mon, ma, mes

Merci aussi à ceux qui me disent lire *mes* livres et en apprécier le contenu. Mais est-ce vraiment mes livres ou ceux qui portent mon nom et vous transmettent les mots que je reçois par intuition ? Les mots que l'Univers désire vous transmettre pour vous aider à cheminer et pour lesquels je deviens une messagère ? Rappelons-nous que l'intuition est le langage de l'âme.

Il en est de même du chat itinérant que je nourris depuis que j'ai emménagé en ce nouveau lieu de vie. Ce chat à l'extérieur âgé et à l'intérieur d'une grande beauté qui m'a été envoyé pour alimenter d'une joie additionnelle les journées de ce nouveau quotidien. Je n'offre donc pas de la nourriture et de l'eau à *mon* chat, mais au chat qui m'invite à faire partie de sa vie. Il ne m'appartient pas. Il est libre de me visiter chaque fois qu'il en ressent le désir. C'est un choix qu'il refait quand bon lui semble.

Je peux toutefois parler de *ma* lumière, de *mon* amour et de *mes* pensées de paix, que j'alimente au fil du temps et que j'aime partager avec mon entourage. En fait, à vous tous qui devenez tour à tour acteurs dans *ma* pièce de théâtre.

On peut aussi s'amuser à dire *mes* enfants, *mon* conjoint et *ma* belle âmie, en autant que nous parvenions à les voir comme des personnages de notre réincarnation, des âmes qui ont choisi librement de venir faire partie de notre vie afin de nous aider à guérir et à grandir. Nous pouvons également dire *ma* merveilleuse famille d'âmes, depuis tout ce temps où notre âme et ces nombreuses âmes nous amusons à jouer ensemble dans des rôles différents.

Autrement dit, chaque fois où l'utilisation de la possession reliée aux adjectifs *mon*, *ma* et *mes* participe à alimenter notre route de beau, de bon et de vrai, elle est bienvenue dans notre communication. Par contre, lorsque le nom qui lui est associé représente une situation de laquelle nous désirons prendre une distance, nous sommes grandement appelés à privilégier une autre tournure de phrase.

Chaque fois que j'entends quelqu'un s'exprimer en disant ou écrivant « mon stress », « mon cancer », « mes douleurs », « ma tristesse » ou « mes problèmes de santé », mes cheveux se dressent littéralement sur ma tête. Je m'entends alors dire télépathiquement : « Vous voulez vraiment en prendre possession et les garder dans votre vie ? »

En fait, chacune de ces expressions représente une demande formelle exprimée à l'Univers à l'effet que ces maux ou ces difficultés nous appartiennent et que nous désirons continuer la cohabitation. Et rappelons-nous que l'Univers, dans sa grande bonté, répond positivement à tous nos souhaits.

Une façon de contourner cette façon de s'exprimer, tout en prenant conscience que ces malaises, maladies et problèmes ne sont que passagers le temps que nous en maîtrisions les leçons qui leur sont associées, est de parler en des termes du type « le cancer que j'expérimente présentement », « la tristesse que je vis actuellement » ou encore « les problèmes reliés à *mon* corps physique ». Parce que le corps physique, lui, nous appartient... du moins jusqu'à ce que notre mission de vie soit complétée et que nous retraversions le Voile.

Et ce qui est encore plus puissant pour éloigner une maladie ou une situation, c'est d'utiliser un temps de verbe au passé. Par exemple, l'expression « le cancer que j'expérimente présentement » pourrait être remplacé par « le cancer que j'ai expérimenté pour m'aider à comprendre de m'aimer davantage ». Ou encore « la tristesse que je vis actuellement » pourrait devenir « la tristesse que j'ai vécue dernièrement pour m'aider à saisir l'importance du moment présent ». Bien sûr, tout cela deviendra entièrement possible, je le répète, lorsque toutes les leçons associées à une maladie ou une situation auront été entièrement comprises et intégrées, mais disons que d'utiliser le passé indique déjà à l'Univers notre intention de nous en éloigner.

Ça me fait penser à la phrase que j'entends à l'occasion : « *Nos* plus grands malheurs viennent de notre incapacité à lâcher prise. » Ce serait tellement plus facile et puissant de dire : « Grâce au lâcher-prise que j'adopte maintenant, je ressens la joie s'installer à nouveau dans ma vie. »

Un autre merveilleux exercice de nettoyage dans votre vie serait de noter tous les mots qui suivent les adjectifs possessifs *mon, ma* et *mes* lorsque vous vous exprimez verbalement ou par écrit. Pour chacun d'eux, choisissez si vous le jetez, le donnez ou le conservez. Par exemple, « *mon* vieux manteau complètement usé », je le jette ; « *ma* petite table dont je n'ai plus besoin », je la donne ; et « *mes* photos de grand-maman », je les conserve. Je peux déjà vous affirmer que ce jeu créera un énorme espace vide dans votre vie, que vous pourrez bientôt remplir à merveille avec un nouveau plein à haut taux vibratoire !

Ça vous dit d'essayer ?

EN RÉSUMÉ :

Mon, ma et mes *sont des adjectifs possessifs à utiliser avec ce qui nous appartient véritablement, de beau, bon et vrai.*

Mon, ma *et* mes *sont à éviter avec les mots reliés à des malaises, maladies et situations desquels nous désirons nous dissocier.*

Phrases que j'ai déjà lues
et mes suggestions en italique

La liberté intérieure, c'est quand le regard de l'autre
ne nous détermine pas.
*Je me sens libre lorsque le regard que je pose sur ma vie
détermine la suite de mon parcours.*

Je n'ai plus envie de me battre pour faire valoir mes raisons.
J'énonce ma vérité la paix dans l'âme.

Ça tombe bien, je suis en vacances !
Quelle merveilleuse synchronicité avec mes vacances !

Chapitre 5

Un mot de trop

Le mot « trop » est à éviter dans toute forme de communication.

Si vous deviez retirer un seul mot de votre vocabulaire pour vous aider à cheminer sur la route de la Lumière, je vous suggérerais que ce soit le mot « trop ».... car ce n'est jamais trop, c'est toujours divinement parfait ! Ainsi, il ne fait jamais trop beau, il fait superbement beau ! Ce n'est jamais trop de gentillesse à votre égard, c'est tout simplement merveilleux !

Aussi, lorsque la vie tend à devenir trop complexe, trop rapide, trop encombrée, trop bousculée ou trop compétitive pour vous, arrêtez-vous un instant et rappelez-vous qui vous êtes dans votre âme.

Je ne vais donc pas vous parler de ce mot davantage !

EN RÉSUMÉ :

Rien n'est « trop ».

Tout est divinement Parfait !

Phrases que j'ai déjà lues
et mes suggestions en italique

Trop vrai et on l'oublie souvent.
Souvenons-nous de notre vérité.

Une vue à couper le souffle.
Une vue qui ravit l'âme.

Rien n'est jamais tout blanc ou tout noir.
Chaque situation peut prendre toute
une palette de couleurs.

Chapitre 6

Namasté

Par contre, il y a des mots avec lesquels j'aimerais jongler durant de très nombreux chapitres. Des mots à hautes vibrations, des mots lumineux. Et je pense aussitôt au mot Namasté, issu de la langue Sanskrit. Ce mot pour lequel certains aiment déposer l'accent sur sa finalité, et d'autres sur son entièreté en le rendant invisible.

Je me souviens lorsque je participais à un atelier sur le contrôle des émotions et qu'un étudiant s'amusait à parler contre telle ou telle personne, le grand maître qui nous enseignait forçait immédiatement ce participant à trouver, en dix secondes, une qualité à l'autre personne. Je me rappelle notamment la fois où une dame avait ri d'un adolescent qui portait des pantalons à taille très basse. À la suite de la demande du professeur, cette femme avait ajouté : « Ce jeune a vraiment de beaux yeux bleus ! ».

Alors, chaque fois que nous disons ou écrivons le mot Namasté à quelqu'un, c'est synonyme de voir sa beauté d'âme avant ses aspects humains. C'est une façon d'établir une communication d'âme à âme. Notre beauté d'âme reconnaît sa beauté d'âme et le fait que nous sommes tous issus de l'Étincelle divine, malgré les circonstances de notre vie actuelle.

Namasté pourrait également se résumer ainsi : « Mon âme salue ton âme. En toi, je salue cet espace où réside l'Univers entier. En toi, je salue la lumière, l'amour, la beauté, la paix, parce que ces éléments se trouvent aussi en moi. Parce que nous partageons ces attributs, nous sommes reliés, nous sommes semblables, nous sommes UN. »

Les mots Lumière, Amour et Paix sont aussi des mots à hautes vibrations. Je profite donc de cette occasion qui m'est offerte pour remercier les artisans de Paix, d'Amour et de Lumière que vous êtes car :

- Chaque fois que vous dites le mot *paix,* vous contribuez à la Paix sur la Terre ;
- chaque fois que vous dites le mot *amour,* vous ajoutez de l'Amour sur votre Route ;
- chaque fois que vous dites le mot *lumière,* vous semez de la Lumière sur votre Passage.

Je vous laisse aussi imaginer l'impact d'écrire ces mêmes phrases car, comme l'a si bien dit Wayne D. Dyer : « Écrivez des affirmations positives et lisez-les sur une base régulière. L'acte d'écrire imprime ces pensées sur votre cerveau et ont un effet durable. »

La Lumière a ce don merveilleux de tout mettre en valeur, alors invitons-la dans chacune de nos pensées, de nos paroles et de nos écrits.

Aussi, dire en silence ou à voix haute, que nous étendons de notre lumière et de notre amour quand nous arrivons dans un nouvel endroit (centre commercial, bureau, en visite, etc.), et ce, autant aux gens qui s'y trouvent qu'à l'aire de vie tout entière, élève aussitôt les vibrations du lieu et favorise de merveilleux échanges. Chaque mot positif de plus, chaque geste d'amour additionnel, nous rapproche davantage de la prise de conscience de notre divinité.

Grâce aux leçons acquises au fil des nombreux mots émis depuis notre naissance, et à l'instar des bienfaits du soleil, parler le langage de l'Amour et de la Lumière permet à ce qui ne vibre plus comme nous de remonter à la surface pour être guéri. Aussi, à l'instar des bienfaits de chaque pleine lune, parler le langage de la Paix invite au nettoyage en profondeur et à une guérison des vies antérieures.

Et au moment de clore ce chapitre, une sublime pleine lune bleue fait son apparition dans un ciel où chacune des étoiles est porteuse de mots d'Amour, de Lumière et de Paix. Tremblements d'âme à prévoir.

Merci, Merci, Merci. Namasté !

EN RÉSUMÉ :

Namasté est un mot qui reconnaît la divinité de notre interlocuteur.

Amour, Lumière et Paix sont des mots à haut taux vibratoire.

Plus nous disons les mots Namasté, Amour, Lumière et Paix, plus nous nous élevons en vibration.

Phrases que j'ai déjà entendues *et mes suggestions en italique*

La personne qui n'est pas en paix avec elle-même
sera en guerre avec le monde entier.
Plus je suis en paix avec moi-même,
plus je le suis également avec le monde entier.

Manifester contre la guerre.
Marcher pour la paix.

Il ne faut pas seulement désirer la paix,
il faut la nourrir au quotidien.
Alimentons quotidiennement la paix.

Chapitre 7

Je me souviens !

En ce lendemain de pleine lune, une dame vient de m'écrire pour me demander si, à mon avis, la rondeur de cet astre céleste qui tourbillonne autour de la Terre peut aussi avoir des effets troublants pour les enfants.

Puis, elle a ajouté : « Parce que mes ados sont impossibles à vivre ces jours-ci ! »

Ce à quoi, j'ai aussitôt répondu : « Vous voulez sûrement dire vos adolescents. »

Puis, elle a rétorqué : « C'est ce que j'ai dit, mes ados. »

C'est parce que c'est bien différent de parler d'ados et d'adolescents... Vous ne désirez certainement pas vous mettre vos enfants « à dos » en leur coupant leur « essence » durant cette période d'adolescence où tout vibre au changement.

Elle me répond, avec un sourire dans les mots : « C'est donc pour cela que mes adolescents oublient toujours tout ce que je leur dis de ne pas oublier, et plus particulièrement leur lunch le matin ! »

Et je termine notre échange en ajoutant qu'une phrase telle que « Souvenez-vous d'apporter votre lunch » favoriserait grandement de retrouver un comptoir libre de sacs à lunch le soir, à votre retour au domicile, et des ventres pleins chez vos adolescents !

Je vous invite aussi d'ailleurs tous à l'expérimenter auprès de vos adolescents en modifiant des phrases telles que « N'oublie pas ton lunch ! », « N'oublie pas de faire ton lit ! » et « N'oublie pas d'acheter un pain avant de revenir à la maison !» par une phrase du type « Merci de te souvenir de faire ton lit, de prendre ton lunch et d'acheter un pain sur ta route de retour ! » Ainsi, au lieu de les inciter à oublier, vous les aiderez à se souvenir, non seulement des activités quotidiennes de leur agenda, mais aussi et surtout de qui ils sont dans leur âme. Merci en leur nom, Namasté !

C'est sûrement pour cela aussi que le slogan du Québec est « Je me souviens », pour nous aider à nous souvenir que nous sommes étoiles et que nous retournerons Étoiles. Le voile qui retombe sur notre troisième œil au début de notre vie sur Terre n'a pas pour but de nous faire oublier qui nous sommes, mais plutôt de nous aider à nous souvenir que nous sommes revenus faire une mission bien précise sur notre douce planète bleue.

Et pour faire cette mission, nous avons choisi un ou deux prénoms qui, lorsque dits et écrits dans leur entièreté (tels que sur notre acte de naissance), portent les vibrations qui nous rappellent constamment pourquoi nous avons choisi de revenir. Par contre, l'utilisation de diminutifs nous aide à oublier.

J-F, c'est rapide à dire et à écrire, mais le pouvoir de la mission double reliée aux mots Jean et François, unis par un trait d'union, se laisse ainsi oublier.

Vie-Vie, c'est beau, mais ça m'aide seulement à me souvenir que la vie est belle, alors que Sylvie me rappelle constamment que je suis revenue aider les gens à se souvenir que l'impossible est possible, l'intangible est tangible et que l'invisible est visible…

EN RÉSUMÉ :

Facile de se mettre à dos des ados, alors que les adolescents nous offrent l'entièreté de leur essence.

Les abréviations de notre prénom nous aident à oublier qui nous sommes et pourquoi nous avons accepté de revenir sur Terre.

Phrases que j'ai déjà entendues *et mes suggestions en italique*

N'oublie jamais !
Souviens-toi !

Sache te redire sans cesse qui tu es.
Souviens-toi constamment qui tu es.

Je te promets de ne jamais t'oublier.
Je vais toujours me souvenir de toi.

Chapitre 8

Oui, mais…

Parlant de se souvenir, voilà que me revient à l'esprit l'exercice que j'ai un jour reçu « en cadeau » au début d'un atelier qui s'échelonnait sur 21 jours. En fait, il m'était demandé de retirer le mot « mais » de toutes mes conversations. Comparativement aux exercices qui furent offerts aux autres participants, je me trouvais bien chanceuse de n'avoir que cela à faire. Je me souviens même m'être dit qu'avec les millions de mots que contenait la langue française, ce serait immensément facile de devoir en biffer un seul. J'ai tôt fait de me rendre compte que j'utilisais le mot *mais* à outrance, ici et là, sans raison valable.

Et parce que les exercices avaient été donnés à chacun à haute voix, je n'étais pas la seule à savoir qu'il m'était dorénavant demandé de taire ce mot. Et je n'étais donc pas la seule non plus à me rendre compte du nombre exacerbé d'occurrences de ce mot qui trônait dans chacun de mes dialogues. J'ai dès lors eu droit à des exclamations du type « Là, tu l'as dit ! », « Là, tu viens de le dire encore ! » Et plus j'essayais de taire ce « vilain » mot, plus mon cerveau mettait l'accent sur ce mot devenu le mouton noir…

Je crois que c'est lorsque j'ai bien saisi le pourquoi de ce devoir que cet exercice a pris tout son sens. En fait, puisque tout est divinement parfait en tout temps, pourquoi devrions-nous utiliser un comparatif tel que « mais » ? Qui sommes-nous pour évaluer ce qui semble manquer ou être superflu ? C'est seulement au moment où nous aurons accès à l'entièreté de la grande image finale que nous saisirons pourquoi telle situation s'est présentée de telle façon et non autrement. Pour l'instant, acceptons ce qui est et remercions l'Univers de nous offrir ce que nous vivons exactement de la façon dont nous l'expérimentons.

Ainsi, des phrases telles que « Cette robe est très jolie, mais l'encolure est bizarre. », ou « Ce sac à dos a plusieurs compartiments, mais il est un peu petit. », ou encore « J'ai aimé mon voyage, mais j'ai préféré celui de l'année dernière. » sont totalement inutiles. Cette robe est parfaite telle qu'elle est. Ce sac est parfait tel que conçu. Et le voyage de cette année est divinement aligné sur ma mission de vie !

J'ai aussi saisi à ce moment que je pouvais remplacer le mot « mais » par le mot « et ». Le fait de dire « Cette robe est très jolie et sa couleur me plaît tout particulièrement. » ou « Ce sac à dos a plusieurs compartiments et il est très léger à transporter. », ou encore « J'ai aimé mon voyage et il m'a fait découvrir un lieu différent du pays visité l'an dernier. », aide notre cerveau à voir en priorité le beau, le bon et le vrai. Je me suis dès lors amusée à rechercher des qualités à ceux qui croisaient ma route, aussi bien que d'identifier des points positifs aux événements qui, a priori, ne me semblaient pas parfaits. Le tout exprimé après avoir envoyé le mot « mais » jouer à cache-cache…

À la fin de la période de 21 jours, j'étais heureuse d'avoir réussi cet exercice, passablement bien à mon avis. C'est alors que j'ai entendu : « Maintenant que tu es bonne, tu pourrais rayer définitivement les « oui, mais » de ta vie car un « oui, mais » est un « non » camouflé, et que le mot « non » existe dans notre langue !!! » Ouffff, moi qui pensais avoir terminé ce devoir, je me retrouvais donc à prendre conscience encore plus de l'utilisation de ce mot. Et plus on devient conscient de notre propre utilisation, plus on le devient chez les autres. Vous verrez, ça vous arrivera aussi !

Je me suis alors demandé si le désir de camoufler un « non » pouvait être synonyme d'une peur d'exprimer nos réels désirs. Une peur de perdre l'amour de telle ou telle personne. Une peur d'étaler au grand jour qui nous sommes réellement dans notre âme…

L'amour n'a pourtant pas à être gagné, l'amour est. Nous sommes Amour. C'est puissant oser dire « non », car c'est se dire « oui » à soi, c'est se respecter. C'est puissant aussi dire « oui », en autant qu'un « oui » aux autres, c'est aussi un « oui » à soi. Répondre « oui, mais... » peut donc se traduire par « non pour ça et oui pour autre chose ».

Oui, mais... Non, mais... C'est oui ou c'est non ; tout est parfait ! Pourquoi mettre une condition ? Pourquoi chercher à contrôler ce qui est ? « Mais » est un mot inutile. On aime ou on n'aime pas, et toutes les réponses sont bonnes, tous les choix sont valides et mènent à des Portes différentes. Inutile de prétendre que ça vibre comme notre âme. « Oui », c'est puissant. « Non », c'est puissant.

Clin d'œil ici à toutes les Manon (mais non) de ce monde : un merveilleux prénom pour apprendre à dire « non » en cette vie et permettre au « oui » d'être prononcé uniquement lorsqu'une activité, un endroit ou une rencontre fait vraiment vibrer votre âme. Manon, c'est « mon non », c'est « mon nom », c'est ma mission. Rappelons-nous que notre prénom est un mot d'une grande puissance !

Il en est de même pour les comparatifs, les superlatifs, tels que « mieux que ceci », « plus important que cela », « moins bon que l'autre ». Rien n'est mieux que ceci, rien n'est plus important que cela, rien n'est moins bon qu'un autre, car tout est parfait. Tout est divinement parfait pour nous, pour la mission que nous sommes venus faire sur Terre en cette vie. Pour pouvoir se comparer avec quiconque, il faudrait avoir fait exactement toutes les mêmes vies, exactement dans les mêmes conditions. Le gazon n'est pas plus vert chez le voisin; il est seulement différent et il lui convient tel qu'il est !

Ainsi, de très nombreuses années après avoir participé à cet atelier, je réalise qu'il me reste de nombreux devoirs à faire à ce chapitre. Je me rends bien compte que je parsème encore très souvent mes conversations, autant verbales qu'écrites, de cette épice inutile qu'est le mot « mais ». Vous ne l'avez peut-être pas remarqué durant la lecture des premiers chapitres de ce livre, « mais » je suis certaine que vous saurez le faire dans les pages qui suivent. Ce petit mot de quatre lettres attirera maintenant votre attention et vous fera sourire. Alors, au lieu de dire que le professeur en a laissé glisser un autre, je vous invite plutôt à vous exclamer que chaque « mais » que vous identifierez y aura été ajouté consciemment afin de vous aider à vous exercer !!!

EN RÉSUMÉ :

Remplaçons « oui, mais... » par « oui, et... »
afin de garder le focus sur le positif.

Un « oui, mais... » peut facilement camoufler un « non ».

Les comparatifs et superlatifs sont inutiles, car tout est parfait !

Phrases que j'ai déjà entendues *et mes suggestions en italique*

On ne peut agir efficacement qu'en œuvrant de concert.
Nous sommes plus forts en agissant ensemble.

Ah les signes, j'haïs ça de ne pas les écouter.
Plus j'agis conformément aux signes que je reçois, plus j'en reçois.

Le plus grand échec est de ne pas avoir le courage d'oser.
La plus grande réussite est d'oser.

Chapitre 9

Je suis

Aucune comparaison non plus entre parler de toi et te revoir en rêve.

Tellement souriant. Tellement aimant. Tellement vivant.

En quelques minutes la nuit dernière, tu m'as aidée à me souvenir…

Avec toi, je n'ai pas un papa. Je suis une enfant.

Avec toi, je n'ai pas un arbre généalogique. Je suis la nature dans son entièreté.

Avec toi, je n'ai pas à posséder quoi que ce soit. Je suis de ta famille d'âmes.

Avec toi, le verbe avoir s'efface, pour laisser toute la place à l'Être.

Parmi les mots les plus puissants de notre langue française, la suite « je suis » en fait très certainement partie. Ce duo ajoute une puissance exponentielle aux mots qui suivent cette expression. Ainsi, affirmer « Je suis amour » ou « Je suis lumière » agit instantanément dans notre vie, car ce type d'affirmation est entendu par l'Univers avec une haute priorité !

Je vous laisse toutefois imaginer l'effet dans votre vie de dire à répétition des expressions telles que « Je suis pauvre », « Je suis malade », « Je suis fatigué », « Je suis toujours seul » et/ou « Je suis bon à rien ». C'est un peu comme si vous suppliiez l'Univers de demeurer dans cet état d'être ! Est-ce vraiment ce que vous désirez ?

Il est pourtant facile de remédier à ces situations en disant très souvent des phrases telles que « Je suis riche monétairement et spirituellement », « Je suis en pleine santé », « Je suis énergisé en tout instant », « Je suis merveilleusement bien accompagné » et « Je suis en pleine possession de toutes mes qualités ».

Ça me rappelle les quelques fois dans ma vie où j'ai dû m'absenter de mon travail pour cause de maladie. Lorsque j'appelais mon patron pour l'en informer, je ne disais pas « Je suis malade et je ne serai pas présente à mon poste aujourd'hui. », ce qui aurait consisté à exprimer une demande de rester malade. J'utilisais plutôt des phrases du genre : « J'ai un empêchement médical aujourd'hui. Je suis toutefois certaine que je recouvrirai rapidement ma santé et que je serai de retour à mon poste demain. »

Je suis d'accord avec vous que c'est plus long. Quelques mots additionnels pour nous aider à recréer notre santé divine parfaite, c'est un « coût » très abordable !

Aussi, auparavant, je disais : « Je suis allergique aux chats. », phrase que j'ai remplacée depuis par : « En cette vie, j'ai choisi de nourrir les chats itinérants à l'extérieur. »

Je vous invite donc à être vigilant dans vos paroles et vos écrits, car une phrase dite ou écrite au moins 5 fois par jour devient un mantra aux yeux de l'Univers, donc un contenu qui sera entendu et répondu de la façon exprimée. Vive le pouvoir des mots !

Je suis heureuse et pleine de gratitude de marcher la route des mots avec vous, le saviez-vous ?

Je termine ce chapitre en vous partageant un beau mantra que j'ai longtemps dit, matin et soir, afin de bien débuter mes journées et mes nuits en exprimant qui « je suis » :

« Je suis Amour, je suis Lumière, je suis Paix, je suis Conscience, je suis Joie. Merci, Merci, Merci ! »

EN RÉSUMÉ :

Les mots qui suivent l'expression « je suis » sont une demande formelle à l'Univers d'être et de demeurer ainsi.

Une suite de mots dite ou écrite au moins 5 fois par jour représente un mantra.

Je suis le maître de mon destin.

Je suis Zen. Et vous ?

Phrases que j'ai déjà entendues *et mes suggestions en italique*

J'ai peur de faire cette nouvelle activité.
Je suis emballée d'essayer une nouvelle activité.

Pas facile de rester calme.
Vivre calmement fait partie des leçons que je suis à maîtriser.

Je suis sans mots.
Mon silence est éloquent.

Chapitre 10

Des mots bruyants

Vous connaissez sûrement des gens qui, à votre question du matin « Comment vas-tu ? », même s'ils vont bien, répondent « Ça va pas mal ». Connaissant le pouvoir des mots, et le fait que l'Univers fait fi des « ne pas », une telle réponse aligne la journée sur le fait de se sentir mal... alors que des réponses telles que « Je vais bien » ou « Je me sens vraiment bien » ou encore « Je suis dans une merveilleuse forme » alignent déjà la journée sur un état de bien-être.

Vous avez toujours le choix des mots que vous décidez d'utiliser : ils informent l'Univers de ce que vous anticipez de vivre durant cette journée. Je suis donc particulièrement attentionnée le matin, à mon réveil, de jouer avec des mots alignés sur la joie, l'amour, la lumière et la paix. La symphonie est déjà en nous… et nous en sommes le chef d'orchestre !

Ça me rappelle aussi ce collègue à qui, en arrivant au travail, je demandais : « As-tu fait bonne route ? » et qu'il me répondait : « Ne m'en parle pas, c'était l'enfer le trafic ce matin ! » Puis, je l'entendais utiliser le même type de phrase pour répondre à d'autres collègues qui lui demandaient s'il avait facilement trouvé une place de stationnement. Il s'exclamait : « C'était l'enfer, aucune place devant le bureau ; je suis stationné à l'autre extrémité de la rue ! » Puis finalement, à une autre collègue, il disait : « Faire les lunchs des enfants ce matin, c'était l'enfer ; on aurait dit que le réfrigérateur était vide ! »

Rappelons-nous que d'utiliser le même segment de phrase au moins cinq fois dans une journée représente un mantra, donc une demande à l'Univers. J'encourage les gens qui vivent des débuts de journée particulièrement « intenses » à dire plutôt, même si cela doit être avec un rire sarcastique dans la voix : « Le trafic, c'était le paradis sur Terre ! », « Le stationnement, c'était le paradis sur Terre ! » et « Les lunchs des enfants, c'était le paradis sur Terre ! », afin de créer un dénouement de journée beaucoup plus agréable.

À ce même lieu de travail, j'entendais souvent une autre collègue dire : « As-tu profité de ce spécial à la pharmacie ? Ça vaut vraiment la peine. » Je m'amusais alors à rétorquer : « Tu veux dire que ça vaut vraiment la joie. » Elle ajoutait alors : « C'est ce que j'ai dit. » Ce n'était pourtant pas ce que j'avais entendu, et je parierais que l'Univers non plus ! Dire « Ça vaut la peine » au moins cinq fois par jour, comme je l'ai dit précédemment, devient un mantra. Et mantra pour mantra, je préfère dire « Ça vaut la joie ! » que « Ça vaut la peine ». Amusez-vous à prendre conscience du nombre de fois par jour où vous dites, pour toutes sortes de raisons, que ça vaut la peine… Je suis certaine que vous allez en rire et penser à moi !

Ça me fait aussi penser aux gens qui me demandent si je serais d'accord de me joindre à eux pour aller marcher contre le cancer, contre la guerre ou contre la haine. Je réponds toujours « non », en prenant soin d'ajouter que ce serait toutefois plaisant d'aller marcher pour la santé, pour la paix et pour l'amour.

Il m'arrive également de faire part à des amis au sujet d'autres expressions dont le retrait nous permet d'accéder encore plus à notre plein pouvoir créateur, notamment « Je ne peux pas », « Il faut », « Je dois » et « Je suis incapable ». Rappelons-nous que tout est possible et rien ni personne ne peut nous obliger à faire quelque chose qui ne nous apporte pas une grande joie dans notre cœur. Nous sommes une conscience qui décide et les choix nous appartiennent, ce qui implique aussi d'identifier les fausses croyances que nous véhiculons sur le train des mots et de nous en départir.

Et je souris lorsque l'un d'eux s'exclame : « Ça tombe bien, je voulais justement te poser une question à ce sujet ». Avec de la joie dans la voix, je lui réponds : « Tu voulais certainement dire : « Quelle merveilleuse synchronicité ! », car toute nouvelle information nous fait monter en connaissance, et non tomber en vibrations. »

Il y a donc tous les mots dont la douceur qu'ils véhiculent nous aide effectivement à nous élever toujours plus et faciliter notre parcours. Puis, il y a les autres. Ceux qui font du bruit. Ceux dont l'écho s'entend à des kilomètres à la ronde, pour revenir heurter notre cœur et celui de l'environnement...

Comme cette personne qui m'envoie une demande d'amitié sur Facebook et dont l'image d'arrière-plan stipule « Je hais le mensonge, l'hypocrisie, la trahison et l'irrespect. » Des mots qui pleurent et qui appellent une restructuration du genre « J'aime la vérité, la droiture, la loyauté et le respect. » Une nouvelle phrase qui attirerait à cette dame tout ce qu'elle désire vivre au quotidien. Savoir dire « j'aime », c'est guérisseur, autant pour l'émetteur que pour le récepteur. Une multitude de notes d'amour silencieuses véhiculées par deux petits mots et une contraction. Une petite expression, un grand pouvoir.

Parmi les mots bruyants, il y a tous ceux qui expriment la méchanceté, la colère et la jalousie. Des mots qui crient souvent très fort pour sortir et aller s'étendre sur une superficie qui s'en trouvera peut-être éventuellement recouverte de larmes. Des cris d'alarme. Du bruit rabat-joie. Des mots sur les maux. Des sentiments qui auraient sûrement pu être exprimés en utilisant des mots plus doux, tout aussi puissants. Demandons-nous toujours, dans de telles circonstances, si les mots que nous disons ou que nous écrivons ont une plus grande portée que le silence car, dans les deux cas, nous sommes à créer la suite de notre parcours...

Il est utile aussi de mentionner qu'une parole « bruyante » qui génère de la colère chez le récepteur parle de résonance, donc d'un appel à la guérison. Une attitude qui indique que le temps est probablement venu de creuser un peu plus à l'intérieur, tout en y ajoutant de l'amour et de la lumière, pour (enfin) faire remonter à la surface la situation que ce « bruit » a déterré et s'en libérer une bonne fois pour toutes !

Il y a aussi des mots enveloppés de douceur qui véhiculent pourtant un bruit subtil qui traverse les plans de conscience. Je repense à cette femme qui m'a écrit : « Après deux fausses couches, je croise les doigts pour que cette âme ne me quitte plus jamais. » Je lui ai aussitôt souhaité que cette âme choisisse de passer plus de temps avec elle, sur Terre. »

Ou encore lorsque je cite les paroles de paix de la chanson *Imagine* de John Lennon et que des gens commentent : « Il serait bien déçu s'il revenait dans notre société d'aujourd'hui » ou encore « Pas facile d'y croire. » Je leur réponds que l'espoir est une grande clé de cheminement et que de tels mots émis en réponse ont plutôt l'effet d'aider la paix à repartir en voyage…

Finalement, il y a les mots d'appel au bruit qui me font rire. Comme cette âmie Facebook qui m'a écrit : « J'avais dit à mon Ami que j'étais d'accord de recevoir des signes de lumière clairs, pas bruyants ; on est tous fatigués ce matin. » Son détecteur de fumée a déclenché 4 à 5 fois durant la nuit, pour aucune raison « apparente ». Je répète ici que l'Univers fait la sourde oreille de l'expression « ne pas ». Cette belle Âmie a donc demandé de recevoir des signes bruyants en utilisant son pouvoir des mots ! C'est exactement ce qu'elle a reçu !

Le pouvoir des mots peut être aussi bien positif que « négatif ». Il peut blesser et encourager ; les deux ayant un impact sur les donneurs et les receveurs. Merci de se souvenir que les enfants sont des éponges et peuvent demeurer marqués longtemps par des mots bruyants de sens !

Il y a aussi la Terre qui fait trembler dans nos tympans des mots de feu, de vent et d'eau depuis déjà longtemps… Les entendons-nous ?

EN RÉSUMÉ :

Marchons pour la Santé, la Paix et l'Amour !

« Ça vaut la joie » de se créer une belle vie !

Les mots de douceur résonnent puissamment,
à grande vitesse et sur une longue distance.

La Terre s'alarme ; entendons-nous ses mots bruyants ?

Phrases que j'ai déjà entendues *et mes suggestions en italique*

J'écoute le bruit des vagues.
J'aime le son des vagues.

Le chemin n'est jamais long parmi les amis.
Les amis ajoutent de la joie sur notre chemin.

Ça vaut la peine !
Ça vaut la joie !

Chapitre 11

Mots silencieux

Je suis à nourrir le petit chat itinérant qui se sent de plus en plus chez lui dans mon extérieur. Je lui parle d'âme à âme. Certains diront que c'est de la télépathie. J'aime dire que je lui parle en silence. Je lui exprime tout mon amour et ma gratitude par l'intermédiaire de ce moyen de communication éloquent, cet ami commun qui nous soutient en toutes circonstances. Et comme l'a si bien dit Jacques Salomé : « Communiquer suppose aussi des silences, non pour se taire, mais pour laisser un espace à la rencontre des mots. »

C'est très respectueux le silence ; il attend que nous lui cédions la parole pour se faire entendre. Parler le silence, c'est se rendre disponible aux surprises de la vie. C'est accepter de le conjuguer à tous les temps. Autant pour écouter son présent camouflé dans notre passé, que pour se laisser inviter à créer un futur de la même famille que notre actuel présent. C'est un énorme dictionnaire à lui seul le silence, dont les mots de puissance sont écrits à l'encre universelle.

Parmi ces mots, il y a tous ceux qui donnent naissance au silence de l'âme. Se taire pour s'écouter, avant de s'exprimer. Ce qui me rappelle la phrase « La parole est d'argent et le silence est d'or », où l'argent représente la lune et l'or est signe de soleil. Ainsi, savoir chuchoter d'abord en soi, c'est déjà ajouter des rayons de lumière aux mots que nous choisirons d'émettre à la suite de ce moment d'introspection. Ce qui explique aussi pourquoi certaines personnes se sentent inconfortables dans les moments de silence (méditation ou autres), qui sont souvent synonymes de déséquilibre entre deux périodes d'équilibre. L'instabilité bruyante qui favorise un éventuel choix de mots lumineux.

Et comme l'a si bien dit Dr Gérard Athias : « On s'épuise à écouter le reste du monde en oubliant de se taire pour s'écouter et se rencontrer. »

Parlant de silence, ça me rappelle l'exercice qu'il m'a été donné d'expérimenter durant un atelier spirituel il y a plusieurs années. Il nous avait été demandé d'apporter notre nourriture pour le repas du midi. Il n'était toutefois pas mentionné dans l'ordre du jour que nous serions tous appelés à manger notre lunch en silence. Avez-vous déjà tenté cet exercice lorsque vous êtes plusieurs personnes dans une même pièce ? Je peux déjà vous dire que tous les sons extérieurs sont amplifiés exponentiellement et que les nombreux mots intérieurs cherchent à se donner une priorité d'expression.

J'ajouterai aussi que, ce jour-là, j'ai tellement regretté d'avoir ajouté des crudités et des croustilles dans mon sac à lunch !!! (Note à moi-même : regretter ajoute seulement des rides sur un doux visage). Se nourrir en pleine conscience amplifie l'intensité des mots de toutes sortes qui cherchent à se faire entendre, permettant ainsi de prioriser les mots d'amour et de lumière. Manger en silence, c'est se rendre compte du nombre imposant de mots très souvent bruyants et inutiles que nous émettons, et ce, dans le seul but de camoufler un silence déstabilisant. Manger en silence, c'est très puissant !

Ceci me rappelle aussi les personnes qui disent constamment leurs pensées à haute voix et convertissent en mots tout ce qu'elles font. Par exemple : « Demain, je dois me souvenir de payer mon compte d'électricité. Là, j'étends de la confiture sur mes rôties et, ensuite, je vais aller chercher mes vêtements dans la laveuse et les placer dans la sécheuse. Ah oui, c'est vrai, je vais aussi texter à mon fils pour lui demander s'il désire venir prendre le repas avec moi ce soir. »

C'est ce qu'on appelle du verbiage inutile et énergivore. Les mots servent à éveiller et exprimer notre pouvoir créateur, notre pouvoir de guérison. Les mots prennent naissance dans le silence. Dans ce puits sans fond et sans fin. Inutile de se les répéter constamment à haute voix pour s'en souvenir. Ils sont et seront toujours accessibles.

Ceci me rappelle une autre phrase de Jacques Salomé : « Celui qui sait parler avec ses mains, écouter avec ses yeux, entendre avec ses silences, celui-là sait guérir plus sûrement que le docteur ou l'apothicaire. »

Et à tous ces moments où nous choisissons d'exprimer des mots de cœur, laissant peu à peu s'éteindre le silence, nous sommes écoutés et entendus. Tous les sens de notre auditoire s'activent royalement, ressentant que des mots plus importants que le silence sont sur le point de leur être transmis sur un plateau divin.

Ceci me rappelle aussi cet extrait du livre *La chambre des merveilles* de Julien Sandrel : « Si on écoute attentivement quelqu'un, si on se concentre bien, c'est comme si on le voyait. Non, c'est encore mieux : on entend ce que la personne dit, et aussi ce qu'elle ne dit pas. Moi, j'écoute les silences, les hésitations, les mots choisis, ceux qui se sont échappés et qu'on aurait voulu retenir, la mélodie, l'humeur, les respirations. Je ne fais que ça. Je décode, je comprends les voix. »

C'est puissant le silence, c'est plein de mots dedans !

Et comme l'a si bien exprimé Caroline Dionne dans son livre *Récits et Légendes de l'Ile Verte, Tome II :* « Il n'y a pas que les mots ; il y a aussi les silences. Les silences nécessaires pour écouter le chant de la mer qui apaise tant l'âme que l'esprit. Les silences pour puiser, au fond de l'être humain réceptif, un moment de complicité qui se synchronise avec l'énergie de l'Univers. »

EN RÉSUMÉ :

Faire silence pour écouter nos mots de cœur.

Manger en silence favorise la création éventuelle de mots lumineux.

Les mots sont issus de la Source, donc accessibles en tout temps.

Le silence est toujours un message.

C'est puissant le silence, c'est plein de mots dedans !

Phrases que j'ai déjà entendues *et mes suggestions en italique*

Ne pense pas !
Ressens !

Je ne vais pas bien.
Je vis une expérience qui me demande plus d'énergie.

Une flamme que rien ni personne
ne parviendra à éteindre.
Une flamme qui demeurera allumée.

Chapitre 12

Des mots de manque

Dire *Au Revoir* à un membre de sa famille, c'est une expérience en soi. Deux envolées familiales en quelques jours, c'est une grande leçon de vie pour ceux qui continuent à marcher la Terre. Un désir pour deux frères de faire le Grand Voyage ensemble. L'expression silencieuse d'un amour appelé à traverser les dimensions.

« J'ai besoin de ton énergie », m'écrit leur sœur, dans un cri du cœur. Des mots synonymes de manque.

Nous sommes pourtant constamment reliés à la Source. L'expression « J'ai besoin » sont des mots qui expriment à l'Univers que nous choisissons de vivre le manque. C'est donc ce que la vie nous enverra. Le manque.

Et nous continuerons de manquer…

Il en est de même pour toute demande que nous exprimons. Demander, c'est dire que ce que nous vivons présentement est tout sauf divinement parfait. Demander, c'est exprimer que nos pieds devraient être ailleurs, alors que de se rendre disponible pour aider la Lumière et remercier pour ce qui est nous permet de créer, conjointement avec l'Univers, ce qui est totalement aligné avec la mission que notre âme a choisie avant de se réincarner en cette vie.

Comme nous l'avons vu dans un chapitre précédent, il suffit plutôt de remercier pour ce qui est, de remercier de nous aider à voir où faire nos prochains pas, où s'approvisionner à nouveau dans l'étang de la joie.

Nous pouvons même remercier pour ce qui n'est pas encore visible (matérialisé) dans notre quotidien et qui existe déjà dans l'invisible. Par exemple, au lieu de dire la phrase de manque : « Pourriez-vous svp m'envoyer un travail pour que je cesse de devoir recevoir de l'assurance-emploi pour vivre », nous pouvons choisir les mots : « Merci de m'aider à voir ce nouveau travail aligné avec ma mission et qui se trouve dans ma région. » Nous pouvons aussi remplacer la phrase de manque « Pouvez-vous svp me redonner la santé » par des termes d'abondance et de gratitude tels que « Toutes les cellules de tous mes corps sont en pleine santé. »

C'est le « faire comme si ». Faire comme si j'œuvrais déjà à ce nouveau travail qui me réjouit. Faire comme si je vivais en pleine santé à chaque jour de mon quotidien. C'est créer le prochain segment de notre route de vie. C'est avoir la foi que tout est disponible et qu'il y en a suffisamment pour tout le monde. Et c'est surtout croire que tout le monde mérite de tout avoir ! Que nous vivons au cœur d'un univers qui nous offre constamment un Amour inconditionnel, disponible en tout espace-temps. Encore faut-il y croire fermement et voir le verre constamment plein.

Ça me fait penser à la phrase : « Ne te plains pas de l'obscurité… Allume une chandelle ! »

Ça me fait aussi penser à la définition de la foi qui m'avait été offerte durant un atelier : « La foi, c'est de croire qu'il y a 10 000 $[1] de l'autre côté de la rue, traverser la rue, se pencher et le ramasser. »

À ceux qui me disent manquer toujours de quelque chose, je les invite à remplacer le plus souvent possible le verbe « avoir » par le verbe « être » dans leur phrasé. Par exemple, de dire « Je manque de silence pour écrire. » est un appel à l'Univers de désirer vivre encore et toujours plus dans le bruit. Nous pouvons alors dire « Merci d'avoir la paix ! », ce qui ne signifie pas nécessairement de nous retrouver dans un lieu où il n'y a pas de bruit, ni d'agitation. Par contre « Je suis en paix »

1. Environ 6700 Euros pour mes amis Européens.

ou « J'aime être en paix » exprime un remerciement à l'effet que nous parvenons à nous sentir calme et serein au milieu du chaos.

Aussi, dès qu'on remplace des pensées de manque par « Comment puis-je donner ? » et « Comment puis-je servir ? », un changement fondamental d'énergie se produit et enclenche une réaction d'abondance dans le cosmos, car l'Univers répond à toutes les demandes, quelles qu'elles soient. Par exemple, si vous avez tout juste l'argent pour payer vos factures mensuelles et que vous dites « Comment puis-je donner de l'argent ? », vous enclenchez la roue du donner-recevoir. L'Univers vous montrera alors une situation où vous aurez l'opportunité de donner un peu d'argent. Et parce que vous donnerez, vous recevrez au centuple ce que vous avez donné, et ce, par l'entremise d'une situation que vous n'auriez pas pu imaginer. Vous passerez donc du manque à l'abondance.

Ceci me rappelle les années où j'ai arrêté de travailler à l'extérieur pour avoir la chance de demeurer avec mon fils durant les premières années de sa vie. Je ne recevais alors aucun chèque de paye comme ça avait été le cas depuis que j'étais sur le marché du travail. Je continuais pourtant à donner de l'argent à toutes les œuvres qui me tenaient à cœur, que ce soit les enfants, les itinérants, les médecins sans frontières, etc. De nombreuses fois durant cette période, j'ai été agréablement surprise de recevoir un appel téléphonique du type : « Madame Provencher, c'est le gouvernement fédéral. Nous venons de constater qu'à la suite de l'étude de vos rapports d'impôt d'il y a cinq ans, nous vous devons la somme de 880 $[2] ». Gratitude de m'aider à faire tourner la grande roue de la vie !

Il y a aussi tous ceux qui me disent manquer d'énergie, notamment à leur retour d'un centre commercial ou d'une visite dans leur famille. Le principe est simple : il consiste à donner avant de se faire prendre. Ainsi, sur le seuil de porte de tout endroit où nous arrivons, il suffit de dire : « J'étends de ma lumière et de mon amour ». Tous ceux qui s'y trouvent baigneront alors dans des vibrations de haut niveau et ils n'auront qu'à s'y approvisionner – ce qui sous-entend qu'ils n'auront pas à vous prendre quoi que ce soit. Et parce que l'Univers appréciera tellement votre geste, vous recevrez au centuple l'énergie que vous avez

2. Environ 600 Euros pour mes amis Européens.

si gentiment distribuée. Vous reviendrez donc chez vous encore plus énergisé qu'au moment de quitter votre domicile.

Pourquoi choisir de manquer de quoi que ce soit, alors que nous pouvons créer l'abondance grâce au pouvoir des mots ?

EN RÉSUMÉ :

Demander, c'est exprimer le manque.

Remercier pour ce qui est dans l'invisible aide à le matérialiser dans le visible.

Remplacer le verbe « avoir » par le verbe « être » chaque fois que c'est possible.

Passer du manque à l'abondance par le choix de nos mots.

Phrases que j'ai déjà entendues
et mes suggestions en italique

Tu n'auras plus froid cet hiver.
Tu auras suffisamment chaud cet hiver.

Ne perdez pas votre cœur d'enfant.
Conservez votre cœur d'enfant bien ouvert.

Rien n'arrive par magie.
Plus je crois à la magie, plus elle s'invite dans ma vie.

Chapitre 13

Mots d'encouragement

Une autre chose qui énergise, c'est de recevoir des mots d'encouragement. Et, bien sûr, de les accepter.

Comme aujourd'hui, en ce 6 septembre 2021, c'est le 30e anniversaire de ma maison d'édition, *Le Dauphin Blanc.* Je profite donc de cette occasion pour envoyer un mot d'encouragement à mes amis, Alain et Marie-Chantal, pour les inciter à poursuivre leur mission qui exige beaucoup d'heures de leur part afin d'aider les mots des auteurs à voyager jusqu'à leurs nombreux lecteurs.

Ma plume s'exprime ainsi : « Wow ! Félicitations à vous deux, ainsi qu'à votre merveilleuse équipe, de permettre aux mots de se rendre jusqu'à nos cœurs depuis 30 ans. Des mots de lumière et de paix qui ravissent nos âmes. Longue continuité. Namasté »

Je sais déjà qu'ils me répondront que c'est une mission qu'ils réalisent avec grande joie. Les merveilleux mots d'encouragement qu'ils recevront de partout à cette occasion seront un peu comme la cerise sur le sundae. Bien sûr qu'un sundae, c'est bon même à sa plus simple expression. Avouons toutefois que l'ajout de couleur rouge qui trône en haut lieu ajoute un incitatif de taille à le savourer !

J'aime aussi énormément faire ma mission en cette vie. Une mission d'amour inconditionnel. De l'amour que je reçois de l'Univers dans mes gestes et mes paroles. Je me sens donc constamment encouragée à poursuivre ce que mon âme a choisi de venir faire sur Terre. J'avoue que l'humaine que je suis est aussi très reconnaissante de recevoir des mots d'encouragement de personnes qui marchent la route avec moi, que ce soit physiquement ou virtuellement.

Par exemple, ce matin, j'ai reçu celui-ci d'une nouvelle âmie de France : « Merci de votre acceptation d'amitié. C'est une grande joie pour moi. Merci à vous pour la lumière et la douceur que vous dégagez et les belles images sur Facebook et votre amour pour les humains. »

Je vous partage aussi celui-ci que j'ai reçu la semaine dernière d'une personne qui venait de lire mon deuxième livre : « Chaque fois que je te lis, c'est une douceur au cœur ; en peu de mots, tu arrives à toucher mon âme. Merci d'être qui tu es, belle Âmie. »

Aussi, je vous remercie à l'avance au nom de tous ceux qui, un jour ou l'autre, recevront les mots d'encouragement que vous leur aurez exprimés. Des mots si simples. Des mots de cœur. Des mots porteurs d'amour et de lumière. Des mots qui ajoutent à un bien-être déjà présent. Des mots qui aident l'autre à se découvrir dans sa bonté, sa beauté et sa vérité. Des mots qui ensemencent des sourires et des larmes. Des larmes de joie qui nous laissent savoir que notre âme a bien reçu le message !

EN RÉSUMÉ :

Encourager, c'est semer de la Joie.

Encourager, c'est aider l'autre à découvrir son « Je suis ».

Phrases que j'ai déjà lues
et mes suggestions en italique

Ce n'est pas facile.
J'y travaille.

Il ne faut jamais baisser les bras.
Continuons d'œuvrer à nos rêves.

Ne te décourage pas, je suis toujours près de toi.
Garde espoir, nous marchons ensemble.

Chapitre 14

Un mot, une clé

Un encouragement, c'est souvent exprimé sous formes de phrases, voire même de paragraphes. Ça peut aussi être constitué d'un seul mot.

Un mot qui résonne pour la troisième fois en peu de temps, les deux premières occurrences étant demeurées inactivées.

Un mot, une clé ; une clé, une porte !

Un mot pour ouvrir une porte qui, bien que présente, semblait dissimulée.

Un mot qui devient la clé d'une nouvelle serrure. Ou d'une serrure qui s'amusait à jouer à cache-cache. Une serrure qui se souvenait que la vie est un jeu.

Que nous choisissions la vie *malgré* tout ou *grâce* à tout, ce mot, cette clé, nous parle d'acceptation.

Le mot Acceptation est celui pour lequel je suis revenue sur Terre.

Captons-nous la totalité des messages véhiculés par tous ces mots qui nous sont envoyés pour nous aider à créer de nouveaux chemins ? Des mots pour nous aider à voir au-delà du visible. Certains qui résonnent immédiatement, et d'autres dont la découverte de la clé qui y est associée se laisse espérer un peu plus longtemps. Des mots significatifs qui nous sont transmis par de merveilleux messagers qui connaissent notre mission et qui désirent s'assurer que nous possédions en tout instant, dans notre trousseau de clés cueillies ici et là, celle qui ouvrira la prochaine porte dont la penture émet un « oui » mélodieux sur notre route de cœur.

Vingt ans aujourd'hui, en ce 11 septembre 2021, environ 3000 clés tombaient du ciel, dans une implosion dont le souffle a même réussi à éteindre deux grandes tours, dans un New-York dont les lumières extérieures se sont changées en cendres… ou en poussières d'étoiles.

Avons-nous depuis accueilli toutes ces clés pour ouvrir des portes insoupçonnées ?

Avons-nous depuis accueilli tous leurs non-dits et permis à leurs envolées d'être encore plus significatives ?

Avons-nous depuis énoncé un énorme *Oui* à la vie, un mot de trois lettres qui contient une infinité de clés. Dire oui à la vie, c'est dire oui à l'inconnu et au mystère. C'est émettre notre volonté sans chercher à l'imposer à tout prix, car forcer et résister, c'est marcher sur une voie différente de celle de la paix et du bonheur. Dire oui à la vie, c'est faire confiance à l'Univers, c'est accueillir ce qui s'offre à nous, évitant ainsi bien des frustrations. Dire oui à la vie, c'est dire merci et voir la leçon derrière chaque situation. C'est vivre dans le mot-clé de l'Acceptation !

Dire oui à la vie, c'est se dire oui à soi et oui à la Terre. C'est accepter de mourir à l'ancien soi et de se recréer en utilisant des mots-clés tels que paix, joie, amour et lumière. De petits mots en apparence, de grands mots dans leur impact. Des mots dont l'effet d'entraînement s'étend à la grandeur de notre belle planète bleue.

Un mot, à lui seul, ça peut sembler minime. Toutefois, un mot dont la clé est le bonheur peut modifier de très nombreuses vies, comme l'exprime si bien Sarâ Julia dans son livre *Pérou - Les chemins sacrés :*

> « Devant tout ce qu'il y a à reconstruire, à changer, on peut se dire qu'on est si petit qu'on n'aura pas beaucoup d'impact. Mais, si chacun devient paix et amour, qu'il vit

> selon ses plus hautes valeurs, il contamine son entourage, de la bonne façon cette fois. Les gens voient que cet être est heureux et ils veulent savoir pourquoi et comment il en est arrivé là, parce qu'eux aussi cherchent le bonheur. »

Vous aimez ce que vous venez de lire et vous vous demandez où chercher pour trouver des clés ?

C'est facile. Il suffit de se souvenir que chaque personne qui passe dans notre vie a un message pour nous. Souvent une seule phrase. Parfois un seul mot, qui représente la clé que nous espérions depuis tellement d'années ! Soyons donc attentifs à tout ce qui se passe autour de nous, car même un échange entre deux personnes qui se tiennent à courte distance de nous peut très bien nous révéler un ou des mots-clés. Aussi, plus nous acceptons de vivre en pleine conscience, plus nous ouvrons notre cœur à accueillir les mots de l'Instant.

Et parce que la vie est continuellement en mouvement, acceptons que certains mots importants nous révèlent des clés différentes au fil du temps. Betty Quirion exprime merveilleusement bien ce changement de teinte vécu par le mot-clé « vérité » dans son livre *La Fraîcheur de l'Instant* :

> « Ce qui semblait être la vérité dans le passé a maintenant perdu sa fraîcheur dans l'Instant. Le temps ne conserve pas la vérité pour que vous la dégustiez plus tard. Il la garde en réserve seulement pour vous sécuriser. Rechercher la vérité dans le passé équivaut à tenter de redonner goût et vitalité à des aliments flétris afin qu'ils reprennent vie. Ce qui vous est offert dans l'instant, accueillez-le sans l'alourdir de vos jugements et alimentez-vous de seconde en seconde dans les grands jardins frais de la vie. »

Pour clore ce chapitre, je vous offre le mot « imaginaire », ce mot dont la clé ouvre nos plus grands rêves, ceux où nous ne serions peut-être jamais allés sans elle, sans lui…

EN RÉSUMÉ :

Un mot peut s'avérer être une clé qui ouvre une porte insoupçonnée.

L'Acceptation est un mot-clé significatif.

Un même mot-clé peut ouvrir des portes différentes au fil du temps.

Phrases que j'ai déjà lues *et mes suggestions en italique*

Voici l'arme de la volonté.
Voici la clé de la volonté.

Aucune vie n'est inutile.
Toutes les vies sont utiles.

Tu ne peux pas mieux tomber, j'enregistre ta citation.
Voici exactement la citation dont j'avais besoin.

Chapitre 15

La pensée crée... et les mots encore davantage!

L'imaginaire, ce mot de la même famille que l'imagination, nous parle de la pensée. De toutes ces pensées qui prennent naissance dans un autre espace-temps invisible à notre vocabulaire issu d'un alphabet de 26 lettres. Cet autre Ailleurs d'où nous puisons ce qui existe déjà et qui appelle matérialisation. Pouvoir y penser, c'est savoir l'extraire de l'invisible par télépathie.

Se faire dire que nous avons beaucoup d'imagination ou que nous sommes perdus dans un monde imaginaire devrait donc nous réjouir, car c'est en fait reconnaître que notre cœur est suffisamment ouvert pour obtenir un accès illimité à ce qui voyage devant notre troisième œil. C'est aller à la pêche des mots qui traduiront les images qui dansent dans l'au-delà. C'est accepter de s'éveiller toujours plus à notre pouvoir créateur.

Ça me fait penser à certaines consultations durant lesquelles je superpose des mots sur les images que je reçois, puis que mes guides me disent : « Non, non, très chère », tout en me les montrant à nouveau. J'utilise alors des mots différents, plus significatifs pour la personne qui les reçoit. Les médiums sont en fait des traducteurs qui utilisent un langage signé pour générer des mots qui réduisent le plus possible la distance entre l'image et la parole. Car parler, c'est se créer. Parler, c'est aider l'autre à se créer. Et comme je le dis souvent, la meilleure façon de connaître notre avenir, c'est de le créer soi-même grâce aux nombreux mots qui sont mis à notre disposition.

Je travaille avec les mots depuis toujours, plus spécialement en enquêtes depuis quelques décennies, un métier où l'importance des mots choisis dans les rapports d'expertise est primordiale pour la Cour. Un domaine qui se résume à traduire adéquatement des pensées en mots afin d'éviter tout imbroglio durant les procès.

Et des mots découlent éventuellement des actes. Je pourrais même dire que dans les mots se cachent déjà les actions. D'où l'importance que nos bottines suivent nos babines[3] ! Penser à une chose et en exprimer une autre porte à confusion en envoyant des messages distincts. Tout comme dire une chose et agir autrement provoque de nombreux malentendus. Comme l'a si bien exprimé Ralph Waldo Emerson : « Tes actes parlent si fort que je n'entends pas ce que tu dis. »

Je suis donc toujours estomaquée, dans un lieu public, de voir un parent se diriger brusquement vers son enfant et lui crier de baisser le ton ou même de se taire... Souvenons-nous que nos enfants reproduisent nos actions. Vous voulez de la douceur ? Alors, merci de semer de la douceur ! Souvenons-nous de la phrase de Hafiz à ce sujet : « Les mots que tu parles deviennent la maison dans laquelle tu vis. »

Et bien que nous nous sentions parfois limités d'exprimer une idée ou un désir avec les mots qui se trouvent dans le dictionnaire, c'est quand même cette réalité que nous vivons quotidiennement. Devenir conscients de ce que nous créons en utilisant tels ou tels mots s'apprend, et se pratique, jusqu'à exceller à ce jeu de la vie.

Ça me rappelle cet extrait du livre *La somme de nos vies* de Sophie Astrabie : « Elle avait l'impression qu'apprendre, c'était mélanger les lettres pour les mettre dans le bon ordre. »

3. Mes amis Européens diraient probablement « Lorsque le vin est tiré, il faut le boire ! »

Il y a aussi eu cet instant où mes guides m'ont dit : « Le jour où tu réaliseras que tu crées réellement ta vie, tu auras fait un grand pas. », ce à quoi j'ai répondu : « Oui, je le sais. » Et Ils ont ajouté : « Oh non, nous parlons de vraiment créer ta vie, car à ce moment-là, tu vivras uniquement tout ce que tu veux. »

Ça me rappelle également cet extrait du livre *Un an entre les mains de l'Univers* écrit par Thi Bich Doan :

> « Je comprends que je crée par la pensée tout ce qui m'arrive, même si le lien de cause à effet entre la pensée et sa matérialisation n'est pas toujours clair et linéaire. Ce que je pense aujourd'hui influe sur mon vécu de demain. Je ne peux pas facilement voir dans mon corps l'effet des vitamines que j'ai avalées il y a trois mois et, pourtant, je sais que ce que je mange nourrit les cellules qui vont me reconstituer. »

Les mots sont donc l'intermédiaire, le passeur de relais, entre la pensée et l'action. S'exprimer avec des mots clairs favorise la création d'une route sur laquelle, comme tout bon professeur, nous semons des pépites d'or de connaissance en aidant les marcheurs à s'illuminer et à devenir à leur tour des phares pour ceux qui les suivront. Souvenons-nous que :

La *pensée* a un certain pouvoir.
La *parole* a un pouvoir encore plus grand.
L'*action* est toutefois ce qui laisse le plus de traces.

La pensée crée… et les mots encore davantage ! Que désirez-vous créer ?

EN RÉSUMÉ :

Penser, dire et créer sont une merveilleuse chaîne de mots.

Les mots sont le langage de la création.

Choisissons des pensées et des mots lumineux pour créer la route que nous désirons.

Phrases que j'ai déjà lues *et mes suggestions en italique*

N'oublions pas les paroles.
Souvenons-nous des paroles.

Ce n'est pas si pire.
Il y a encore place à amélioration.

Ne perds pas ton temps avec ça.
Utilise ton temps pour réaliser ta mission de vie.

Chapitre 16

Dictionnaire de l'Univers

Ce matin, ma cafetière cesse de fonctionner sans crier gare. C'est du moins ce que je croyais, jusqu'à songer que c'est peut-être la prise de comptoir qui est défectueuse. Je prends action en la déplaçant et en branchant son cordon souple dans une autre des prises de courant. Toujours rien. Toutefois, au moment de penser que je devrai acheter une nouvelle cafetière, je choisis de tenter un ultime essai en utilisant la troisième des quatre prises de comptoir de la cuisine. C'est alors que j'entends le doux sautillement sonore que fait le café en tombant goutte à goutte dans la carafe en verre. Merveilleux ! Du bon café pour débuter ma semaine, tout en partant à la recherche d'un électricien qui pourra passer chez moi afin de m'aider à élucider ce problème de courant qui se perd en route.

Demeurant dans une nouvelle région du Québec depuis environ six mois, je suis à me reconstruire des repères, que ce soit coiffeuse et médecin, autant qu'électricien et plombier. Et en temps de pandémie, alors que plusieurs d'entre eux se sont vu refuser le droit de pratique pendant de nombreux mois, nombreux sont les agendas qui affichent déjà « complets ». Je me réjouis donc lorsque je réussis à trouver un électricien sur internet, surtout attirée par la mention « 24 heures par jour, 7 jours par semaine ». Il me dit qu'il pourrait être chez moi en fin d'après-midi ou au début de la soirée. C'est parfait !

C'est vrai que ça semblait parfait, jusqu'à ce que je ressente qu'il ne se présentera pas malgré ses dires. En milieu de soirée, toujours sans nouvelles de lui, je lui envoie quelques messages sur son cellulaire pour m'enquérir de l'heure approximative à laquelle il pense arriver à mon domicile. Ils demeurent tous sans réponse…

Je ressens alors que je suis protégée. Je m'entretiens donc d'âme à âme avec mon papa, comme je le fais souvent depuis qu'il a repris ses Grandes Ailes en février 2011, et je lui dis que ce serait formidable de recevoir une confirmation de sa part à savoir si je devrais annuler cet électricien.

Plus tard durant la soirée, alors que je me trouve dans le salon à écouter une émission de télévision, quelqu'un tourne la poignée de ma porte avant, sans toutefois pouvoir entrer car elle est verrouillée. Étant certaine que c'est mon fils qui vient me rendre une petite visite comme il le fait souvent car il demeure à quelques maisons de chez-moi, je me lève en joie et j'ouvre la porte pour le laisser entrer. Sauf que ce n'est pas lui. C'est un vieil homme qui flotte à mi-chemin entre mon perron et la rue. Je vois uniquement son dos. Rendu un peu plus loin, il s'arrête, se tourne vers moi, me fixe durant quelques secondes, puis continue tout doucement sa route. J'entre chez moi, pleine de frissons, me demandant ce qui vient de se passer…

Quelques minutes plus tard, j'entends la voix de papa dans mon cœur qui me dit : « Tu ne m'as pas reconnu ? », faisant du même coup cesser toute peur que je transportais en moi relativement à la venue de cet « étranger ». C'est vrai que ce vieil homme semblait perdu et que sa démarche était facilement associable à celle d'une personne souffrant d'Alzheimer, la maladie avec laquelle papa s'est envolé de la Terre.

Et papa ajoute : « Tu désirais une confirmation ? Eh bien voilà ! Cet électricien t'aurait fait peur et il a été éloigné de chez-toi, ses vibrations ne te conviennent pas. »

Je m'exclame alors : « Ohhh, merci papa ! Tu es génial ! » et, en même temps, je vois 9:11 sur l'horloge de ma cuisine, signe que papa est là et me protège, tel que j'en fais part dans mon livre *Fais-moi Signe.*

Le lendemain matin, j'informe l'électricien de ne pas se présenter chez moi et je vois sur Google de nouveaux commentaires le concernant et me confirmant que j'ai vraiment été protégée. Là, je dis à papa : « Maintenant, ce serait agréable que tu m'aides en me montrant l'électricien qui est appelé à se rendre chez moi ! » Peu de temps après, j'entends d'écrire aux ingénieurs avec qui je travaille.

Je m'installe à mon ordinateur pour envoyer un courriel aux ingénieurs de mon équipe dans le but de m'informer si l'un d'eux connaît un bon électricien dans ma région. Puis, juste avant d'envoyer mon message, je ressens que je devrais peut-être aussi ajouter le nom de l'ingénieur électrique qui travaille dans une autre équipe. Un dénommé Jean-François B.

Quelques minutes plus tard, une petite cloche m'indiquant l'arrivée d'un courriel se fait déjà entendre. Justement de Jean-François B. J'ai bien fait de l'ajouter !

Il me suggère d'appeler l'électricien qui a installé son spa et procédé à tous les travaux électriques dans sa résidence, ce que je fais aussitôt. Cet électricien est très aimable et il pourrait passer chez moi demain matin, avant de débuter sa journée. Wow ! C'est parfait ! Je m'empresse de remercier Jean-François B.

C'est lorsque Jean-François B. me répond en être ravi que je me demande pourquoi un Jean-François B. qui travaille pour un de nos clients m'écrit au sujet d'un électricien. Je réalise à cet instant que je n'ai pas écrit au Jean-François B. de ma compagnie, mais au Jean-François B. d'un de nos clients…

Comme l'a si bien écrit Paulo Coelho : « Rien dans ce monde n'arrive par hasard. » Et j'oserais ajouter : « Rien n'arrive par hasard, tout est Signe ! »

Lorsque l'ingénieur référé arrive chez moi, tout s'éclaire en le voyant. Il remarque aussitôt ma lampe de sel et m'en fait part. C'est une reconnexion d'âme à âme. Sans le savoir, il me parle notamment de ma grand-maman, des chapitres que je suis à écrire pour le livre que vous lisez présentement, ainsi que du nombre 33 qui est mon nombre d'entité, c'est-à-dire celui qui vibre le plus comme mon âme. Je reçois aussi des messages pour lui et je les lui transmets. Entre autres que s'il a choisi le métier d'électricien, c'est pour aider les gens à rétablir le courant avec la Source.

Toutes les prises de mon comptoir sont maintenant fonctionnelles à nouveau. Il est reparti de chez moi avec mes deux livres dédicacés. Et une fois rendu dehors, lorsqu'il a retiré son masque, j'ai vu papa à son âge… c'était de toute beauté !

Tout est divinement orchestré.

D'où le fait que le mot « hasard » est absent du dictionnaire de l'Univers. Par contre, à la section des mots débutant en « S », tout près de la Source, se trouve la Synchronicité.

Inutile aussi de chercher le mot « erreur » à la section des mots débutant en « E ». Vous trouverez toutefois la « Leçon » un peu plus loin, même dans les cas où votre quotidien aurait pu vous laisser croire à une « erreur d'inattention » !

Il en est de même de l'expression « à cause » qui, dans le grand dictionnaire de l'Univers, laisse volontiers sa place à la suite de mots « grâce à ».

C'est simple à se souvenir : rien n'arrive par hasard, rien n'est une erreur, car tout est leçon grâce à la merveilleuse synchronicité de la vie !

Aucun hasard que cet ingénieur se soit rendu jusque chez moi, comme il n'y a aucun hasard que vous soyez présentement à lire mon livre…

EN RÉSUMÉ :

Tout ce qui nous arrive est appelé à être.

Tout ce qui nous arrive est leçon de vie.

Tout ce qui nous arrive permet des reconnexions sur la route de notre mission.

Phrases que j'ai déjà lues
et mes suggestions en italique

Personne ne peut être toi.
Nous sommes tous uniques.

N'arrêtez jamais d'être une bonne personne.
Continuez d'être une bonne personne.

L'expérience ne se trompe jamais.
L'expérience est un merveilleux outil de cheminement.

Chapitre 17

L'opinion des autres

En relisant mon chapitre précédent, je souris en me disant que certains accueilleront très bien mes mots, alors que d'autres se permettront de penser que le contenu est bien trop exubérant pour être vrai. Vais-je pour autant chercher à le modifier en aplanissant les coins qui dépassent ? Bien sûr que non ! Toute personne est libre de s'exprimer. Toute personne est libre de croire ou non les mots énoncés verbalement ou écrits ici et là. C'est justement ce qui est merveilleux avec les mots : les exprimer sans se soucier de ce que les autres en penseront, puisque leur réaction leur appartient !

Je dis souvent qu'il faudrait avoir vécu exactement les mêmes vies et porter sur notre dos un baluchon identique pour accorder aux mots énoncés une palette de couleurs similaire. La vérité de l'un n'est pas nécessairement la vérité de l'autre. Toute vérité est bonne à dire, en autant que les mots choisis pour l'exprimer soient des mots issus du cœur. Déconstruire sa propre vérité parce que notre interlocuteur ou un lecteur pense différemment consisterait à renier qui nous sommes, notre Je suis. Toutefois, permettre aux mots des autres qui résonnent merveilleusement bien en nous de se frayer un chemin jusqu'à notre âme fait aussi partie de la communication, celle de cœur à cœur.

Vous êtes-vous déjà arrêtés véritablement pour vous demander quel pouvoir vous donnez aux mots des autres ? Vous laissez-vous affecter par ce qu'ils vous disent ? Être troublé par ce que les autres disent à votre sujet, c'est envoyer le message que leur opinion est plus importante pour vous que l'idée que vous vous faites de vous-même…

Ceci me rappelle une phrase du livre *L'infini des possibles* de Lori Nelson Spielman : « C'est fascinant comme il suffit que quelqu'un nous dise quelque chose à propos de nous-mêmes, bon ou mauvais, pour qu'on fasse tout pour lui donner raison. »

Il en est de même toutes les fois où j'entends : « C'est sa faute si j'ai autant mal aujourd'hui. » Souvenons-nous que personne ne peut nous blesser à moins que nous lui en laissions la chance et le droit... Un sourire sincère, en réponse à des mots qui ne nous appartiennent pas, a souvent l'effet boomerang : ils retournent illico à l'émetteur, le forçant à s'interroger sur lui-même, tout en ajoutant de la joie dans notre propre vie !

Reprendre notre pouvoir à ce sujet, c'est passer du mouton au lion par l'entremise de notre liberté. Ceci rejoint Osho qui s'est déjà exprimé ainsi :

> « La plus grande peur dans le monde est celle de l'opinion des autres. À partir du moment où vous n'avez plus peur de la foule, alors vous n'êtes plus un mouton, vous devenez un lion. Un grand rugissement émane de votre cœur. Le rugissement de la liberté. »

Vous ai-je déjà dit que je suis une Lionne du 23 juillet ?

Pour terminer ce chapitre, je vous partage les mots d'Andy, le frère de Laurie, qui a retraversé le Voile à l'âge de 28 ans :

> « J'ai toujours voulu vivre de l'autre côté des montagnes, mais j'ai attendu d'être mort avant d'y aller... Lorsqu'on est vivant, on se préoccupe trop des autres. Parfois, il est difficile d'être mort car on voudrait revenir et dire aux gens qu'ils peuvent aller de l'autre côté des montagnes pendant qu'ils sont encore vivants. Arrêtez d'écouter ce que les autres disent et allez de l'autre côté des montagnes. »

Osons réaliser nos rêves Ici et Maintenant, ceux issus de nos propres mots !

EN RÉSUMÉ :

Faisons nôtres les mots qui résonnent dans notre cœur.

Chacun est libre de s'exprimer à sa guise.

Chacun est libre de refuser des propos.

La réaction de nos mots chez les autres leur appartient !

Phrases que j'ai déjà lues
et mes suggestions en italique

Tu es belle; je ne suis pas déçu.
Ta beauté est celle que j'avais imaginée.

Rien ne peut m'atteindre.
J'ai les outils pour faire face à toute situation.

Il faut que je parvienne à ne pas vouloir
la même chose qu'eux.
J'apprends à accepter que nous sommes différents.

Chapitre 18

Rappel amical

Depuis quelque temps, je répétais que j'avais trop de temps libre…

Alors, bien entendu, me voici maintenant débordée à mon travail d'enquête, les urgences se précipitant les unes après les autres en direction de mon bureau.

Aussi, après la saga de l'électricien, voici que la toilette de la propriétaire qui demeure au-dessus de chez-moi a débordé/coulé goutte à goutte durant la nuit de samedi à dimanche. Heureusement, j'ai été réveillée grâce à mon oreille « bionique », permettant ainsi de limiter les dégâts. J'ai quand même passé la journée d'hier au téléphone à ce sujet et à guider des visites explicatives.

Ce matin, lundi, jour d'élection au Canada, c'est ma cafetière qui rend l'âme. Je viens aussi de recevoir la deuxième urgence d'enquête et il n'est que 9:11. Merci papa, tu es génial !!!

Qui a dit que j'avais trop de temps ? Voilà maintenant que je cherche du temps…

Rappel à moi-même : les mots ont un grand pouvoir ; ils sont tout autant de demandes faites à l'Univers. Et l'Univers répond à toutes nos demandes. Pas nécessairement emballées de la façon que nous avions imaginée.

Autre rappel à moi-même : un professeur s'enseigne d'abord à lui-même ; je vais aller relire mes chapitres précédents ! À bientôt !

EN RÉSUMÉ :

Ne jamais dire jamais !

Ne jamais dire qu'on a trop de temps et qu'on n'a rien à faire !

Phrases que j'ai déjà lues *et mes suggestions en italique*

Rien n'arrive pour rien.
Tout a sa raison d'être.

S'accorder du temps n'est pas perdre notre temps.
S'accorder du temps maintenant nous permettra d'en gagner éventuellement.

Je sais que je vais l'avoir, mais je sais aussi que ça va prendre beaucoup de temps.
Je vais l'obtenir au moment parfait.

Chapitre 19

Fausses croyances

Me revoici.

De retour après avoir relu le début de ce livre, puis avoir épongé les bulles qui sortaient par le bas de la porte de mon lave-vaisselle à cause d'un excédent de savon bleu.

Le premier m'invite à jongler avec les mots. L'autre me parle de jongler avec des bulles. Les deux sont signes de joie.

La joie de Soi. La joie de Sol. Ce clown qui jouait avec les mots et leurs multiples sens à un rythme époustouflant[4]. La joie du cœur. La joie de transformer notre vie plusieurs fois par jour grâce aux mots que nous choisissons.

Les bulles, quelles qu'elles soient, font remonter à la surface de mon cœur d'agréables souvenirs d'enfance. En fait, elles me rappellent le savon à vaisselle que j'utilisais pour former des bulles arc-en-ciel que je m'amusais à souffler dans mon entourage. Des bulles d'émerveillement. Des bulles de légèreté. Des bulles transportant un grand éveil de création.

---

4. Sol est un clown clochard, interprété par Marc Favreau, dont les textes à la fois naïfs, poétiques et humoristiques sont connus du grand public, aussi bien au Québec que dans toute la francophonie.

L'effet des bulles dans ma vie est similaire à celui que je ressens chaque fois que j'invite quelqu'un à remplacer l'expression « Ça vaut la peine » par « Ça vaut la joie », puisque les vibrations du mot « joie » sont tellement élevées qu'elles nous entraînent dans cette ronde où tout devient possible !

Et tout devient possible en autant que nous donnions notre pouvoir créateur uniquement à ce qui vibre « oui » en nous, sans permettre aux mots de notre entourage, émis dans un passé plus ou moins rapproché et qui résonnent faux, de créer les fondations sur lesquelles nous érigerons la suite de notre vie. Chacun sa vie, chacun sa vérité !

Vous êtes-vous déjà demandé à quel point les mots qui vous ont été dits dans votre passé ont eu – ou ont encore – une emprise sur vous, surtout si ces paroles ont été prononcées par des gens que vous aimiez tout particulièrement ?

Combien de fois dans votre vie vous êtes-vous abstenu de dire telle ou telle chose compte tenu de votre passé, de la façon dont vos parents vous ont éduqué, de la façon dont vos professeurs vous ont enseigné, de la façon dont vos amis vous auraient regardé à la suite de votre réplique ?

Très jeune, nous entendons plein de phrases qui, provenant de gens en qui nous avons confiance (parents, professeurs, amis), se fraient une route jusqu'à notre cœur. Au fil du temps, quelques-unes de ces phrases se révèlent être de fausses croyances. Dès le moment où nous le ressentons, il est bon de les faire sortir consciemment de notre vie.

Par exemple, très jeune, ma mère me répétait que si je sortais dehors l'hiver en n'étant pas suffisamment vêtue, j'aurais automatiquement un rhume. Et j'y ai cru très longtemps. Puis, un jour, j'ai compris qu'un rhume est un signe envoyé par l'Univers pour nous inciter à prendre plus de repos et à activer davantage notre joie de vivre. Ainsi, dans une pièce bondée de monde où arrive une personne enrhumée, certains à qui elle donnera la main auront le rhume quelques jours plus tard, alors que d'autres s'en sortiront indemnes. J'ai donc remercié cette « fausse croyance » pour la leçon apprise et je lui ai gentiment montré la porte !

Nous pouvons aussi choisir de transformer ces mots servant à transporter de fausses croyances en des mots initiateurs de véridiques communications. Un segment de notre mission sur Terre peut très bien consister à ébranler les consciences, justement celles de nos parents, de nos professeurs et de nos amis. Tellement de fausses croyances sont véhiculées durant nos premières années de vie, et ce, principalement parce que nous devenons des « éponges » en présence de ceux que nous aimons le plus, de ceux avec qui nous laissons nos masques de protection à la porte…

Et comme l'a si bien dit Lori Nelson Spielman : « C'est drôle comme les mots nous affectent, comme il suffit du plus léger changement de perception, et de la foi d'une personne, pour qu'une croyance de toujours puisse s'envoler et disparaître comme une volée de moineaux. »

Alors, quels mots reliés à une fausse croyance déciderez-vous de jeter hors de votre vie aujourd'hui...?

EN RÉSUMÉ :

La joie ressentie est le baromètre de la véracité des mots reçus.

Les mots servant à véhiculer de fausses croyances transportent également de merveilleuses leçons de vie.

Phrases que j'ai déjà lues
et mes suggestions en italique

Ne pas te laisser tomber.
Croire en toi en tout temps.

Ne jamais reculer, ne jamais abandonner.
Avancer et continuer à y croire.

Ne perdons jamais espoir.
Gardons notre flamme allumée en tout temps.

Chapitre 20

Être un messager sur Terre

Nous sommes tous des messagers. Les mots aussi.

En revenant sur Terre, il devient implicite que nous serons des messagers par les mots que nous transporterons.

Quels sont-ils ? Voilà justement la question.

Il arrive fréquemment que les gens me disent que je suis chanceuse d'être médium, ce à quoi je réponds que nous le sommes tous ! Nous recevons tous des mots d'un ici et d'un ailleurs qui semblent habiter un autre plan de conscience. Des mots porteurs de messages que, très souvent, nous n'osons pas répéter de peur d'être jugés.

Comme je l'ai écrit dans un chapitre précédent : ce que nous déclenchons chez ceux qui croisent notre route, par nos paroles et nos actions, ne nous appartient pas. Leur façon de réagir est directement en lien avec des résonances provenant de cette vie-ci ou de leurs vies antérieures. C'est en fait un appel à guérir des nœuds enfouis qu'ils pensaient avoir éliminés de leurs corps physiques.

Les messagers sont appelés à donner des messages, sous forme de mots, à des personnes qu'ils connaissent ou qui les consultent. Le jour où nous acceptons d'être des messagers en utilisant des mots qui aident à initier ou poursuivre une guérison, nous participons à élever les vibrations de la Terre. La transmission de messages, c'est un langage qui s'apprend. Plus nous y investissons de temps, plus grande devient notre habileté à choisir les mots qui traduisent le plus fidèlement possible les images reçues sur notre troisième œil, en rêves nocturnes ou par intuition.

Et l'exactitude des mots est en lien direct avec les différents cerveaux. Le même mot utilisé pour deux personnes différentes peut prendre des couleurs totalement distinctes. C'est pour cela qu'il est souhaitable de demander à la personne qui reçoit le message si ça résonne dans son cœur. Dans la négative, le messager est invité à utiliser des synonymes pour exprimer ce qui lui semblera résulter en un message identique, et qui s'avérera pourtant totalement différent pour celui ou celle qui le reçoit. Dans tous les cas, le messager aura œuvré à son travail, qui est de transmettre le message !

Être un messager sur Terre, c'est aussi aider les autres à voir le beau, le bon et le vrai dans leur quotidien. Ceci me rappelle une des participantes à mon plus récent concours sur ma page Facebook *Les Lectures de Sylvie* qui s'exprimait ainsi pour me signaler son désir de gagner le livre que j'offrais en cadeau : « Oui, j'aimerais être portée par une vague d'amour surtout en ces temps où il me semble que toutes les nouvelles sont pratiquement négatives. Merci pour cette chance ! »

En tout temps sur la Terre, il y a des situations qui créent notre bonheur collectif et d'autres qui suscitent plutôt l'introspection à grande échelle. C'est donc tout particulièrement en ces temps de pandémie et d'appel à l'aide environnemental de Mère-Nature, lesquels nous incitent à nous souvenir encore davantage que nous sommes UN avec l'immensité, que le choix des mots occupe une place toute désignée dans notre quotidien.

Par exemple, sur Facebook, notre profil est notre « carte de visite ». Chaque texte que nous partageons s'étend à la grandeur de l'univers. Et puisque les formes-pensées identiques (égrégores) se réunissent, les mots que nous utilisons attirent à nous exactement ce que nous écrivons. Voici pourquoi seuls le beau, le bon et la douceur figurent sur mon profil, car c'est la vie que je choisis de créer à tout instant !

J'abonde donc dans le même sens que François Garagnon lorsqu'il s'exprime en ces termes : « Prenez soin de ce qui pousse dans votre esprit. Faites-y prospérer tout ce qui contribue à la paix, à l'unité, à la beauté. C'est vous le semeur. »

Ainsi, chaque fois que vous entendez une phrase dans votre cœur et que vous ressentez que c'est tellement la chose à dire pour aider l'autre à avancer, eh bien faites-le ! Si vous n'osez pas, c'est votre mental (ego) qui sera « mort de rire dans son coin » et qui continuera à compter les points. C'est ça aussi être un messager sur Terre !

Et souvenons-nous une fois de plus qu'un messager, comme tout bon professeur, se donne d'abord des messages à lui-même…

Merci à tous les messagers sur Terre !

EN RÉSUMÉ :

Nous sommes tous des messagers. Les mots aussi.

Un messager est appelé à transmettre des messages, point à la ligne.

La transmission des messages est un langage qui s'apprend.

Phrases que j'ai déjà lues *et mes suggestions en italique*

Des gestes qu'on n'oublie jamais.
Des gestes qui demeurent gravés.

N'abandonne surtout pas.
Poursuis continuellement.

Ne vous désespérez pas en voyant
le mal dans le monde.
Gardons espoir en fixant notre regard sur le beau,
le bon et le vrai.

Chapitre 21

Mots de bénédiction

Ce matin, à mon réveil, je sens que je vais écrire un autre chapitre. Le chapitre 21, en fait. Avant de mettre le pied à l'extérieur de mon lit, je parle avec ma belle équipe céleste, celle avec qui j'écris tous mes livres, et je dis, par télépathie : « Merci de m'envoyer un signe clair du sujet appelé à être au cœur de ce nouveau chapitre. »

Après mon déjeuner, j'écris à ma belle âmie Mélanie, la Fée au cœur de ma maison d'édition, *Le Dauphin Blanc,* pour m'assurer qu'elle a bien reçu mon troisième contrat d'édition dûment signé. Dans sa réponse-courriel, elle me confirme le tout, puis elle me dit aussi : « Je ne sais pas pourquoi, je ressens d'ajouter que l'ange 21 de Marie-Chantal[5] est celui de la bénédiction. »

Je lui réponds aussitôt que « les mots de bénédiction » figurent parmi les sujets qu'il me reste à traiter dans mon livre *Le Pouvoir des Mots* et que sa réponse me confirme que la bénédiction sera au cœur de mon chapitre 21. Je lui fais également part que le titre de mon chapitre précédent était « Être messager sur Terre » et qu'elle fait merveilleusement partie de tous ces êtres qui livrent les messages reçus. Merci, merci, merci !

5. « Inspirations angéliques » de Marie-Chantal Martineau.

Et voilà que Mélanie me réécrit : « Je te bénis, ma belle Sylvie, de ma lumière de fée magique. J'utilise mes pouvoirs dorés de magie christique pour t'envoyer une belle et douce lumière énergétique afin que tu trouves ton inspiration divine ! »

Gratitude pour ce cadeau en début de journée ! Les mots ont un grand pouvoir lorsque nous acceptons de les cueillir et de les faire fleurir en notre cœur.

Avant d'aller plus loin, demandons-nous ce que signifie exactement que de bénir spirituellement ?

Quand on bénit quelqu'un dans l'énergie, ça veut dire qu'on remercie l'Univers d'envoyer présentement à cette personne exactement ce dont elle a besoin pour continuer sa route de vie conformément à ce que son âme a choisi de venir expérimenter sur Terre dans cette réincarnation-ci.

Et puisque dans bien des cas, nous ne connaissons pas cette information, comment savoir quoi envoyer ? Par exemple, si vous priez pour qu'un couple « survive » alors que ces deux âmes sont venues expérimenter un divorce, vous ne les aidez pas... Si vous priez pour qu'un jeune réussisse ses examens dans tel domaine, alors que son âme est appelée à vivre autre chose dans une tout autre sphère d'activité, vous ne l'aidez pas...

Le mieux est donc de « bénir une personne » en utilisant un phrasé du type : « Je te bénis (nom de la personne), je t'envoie de la Lumière et de l'Amour. » L'Univers entendra alors votre appel d'aider cette personne et enverra sur le champ un envoi substantiel de hautes vibrations à cet individu.

Pensez aussi à bénir vos plantes chaque fois que vous les arrosez ; vous serez agréablement surpris de la vitesse à laquelle elles prendront de l'expansion.

De plus, à chaque repas, pensez à bénir votre nourriture, ainsi que tous ceux qui ont permis qu'elle se rende jusqu'à vous, ce qui englobe un nombre assez impressionnant de gens issus de partout sur la planète.

Pensez aussi à vous bénir vous-même à chaque nouveau jour qu'il vous est donné de vivre sur Terre !

Les mots de bénédiction sont très puissants. Ils peuvent aussi nous aider à reconnaître la vérité. Ainsi, quand nous nous questionnons à savoir si quelqu'un dit vrai, et parce que les yeux sont le miroir de l'âme, il suffit de fixer cette personne dans les yeux et de dire en boucle, en silence : « Je te bénis (nom de la personne), je t'envoie de la Lumière et de l'Amour. » En peu de temps, le choix de nos prochaines paroles et/ou actions deviendra évident.

Cette même phrase peut également servir à aider un orateur qui s'adresse à un large auditoire. Plus nombreux seront les participants à le bénir simultanément, plus fluide sera l'élocution du conférencier.

Les mots de bénédiction peuvent aussi servir à recharger nos « batteries ». Ainsi, lorsque nous nous sentons un peu bas en énergie, un merveilleux outil pour ajouter à notre réserve est de faire une marche d'amour. Ceci consiste à aller marcher – en forêt si possible ou encore dans un lieu où la nature est « généreuse » – et à bénir constamment tout ce que nous voyons sur notre route (minéraux, oiseaux, insectes, animaux, personnes, etc.). Par exemple, si nous voyons un oiseau dans un arbre, nous le regardons et lui disons : « Je te bénis bel oiseau; je t'envoie de la Lumière et de l'Amour. » Par expérience, je vous dirais qu'une marche de 15 minutes rechargera vos « batteries » à coup sûr et, en plus, l'Univers appréciera tellement votre geste d'aider autour de vous qu'Il en ajoutera au centuple afin de s'assurer que vous puissiez le refaire aussi souvent que souhaité. Merci à l'avance de vos prochaines marches d'amour ! Namasté

Les mots de bénédiction sont porteurs de ramifications qui s'étendent bien au-delà du visible. Soufflés à partir du cœur, ils voyagent à la vitesse de la Lumière. Ils traversent les océans qui nous relient afin d'étendre notre amour sur tous les plans de conscience.

Ainsi, plutôt que de nous inquiéter, transformons chaque pensée en bénédiction avec la certitude que tout est divinement parfait.

L'étymologie du mot bénédiction étant de « dire du bien », continuons à semer du bien par nos mots de bénédiction et tous les peuples de la Terre s'activeront rondement !

EN RÉSUMÉ :

Bénir, c'est remercier l'Univers d'envoyer à la personne exactement ce qui lui est nécessaire pour continuer son parcours sur Terre.

Pensons également à nous bénir nous-mêmes.

Le mot bénédiction signifie « dire du bien ».

Je vous bénis chers lecteurs, je vous envoie de la Lumière et de l'Amour.

Phrases que j'ai déjà lues *et mes suggestions en italique*

Ne sous-estimez jamais l'importance de votre lumière pour ceux qui vivent dans le brouillard.
Prenez conscience des bienfaits de votre lumière à ceux qui en ont besoin.

Je ne souhaite pas de mal à personne.
Je souhaite du bien à tout le monde.

Prendre son mal en patience.
Prendre son bien en urgence.

Chapitre 22

Les chiffres parlent fort!

En me couchant ce soir, une évidence.

Quoique de nous 2, ce soit mon fils qui ait choisi d'être mathématicien, les chiffres que j'aime tellement depuis la nuit des temps m'ont encore parlé durant les 24 dernières heures.

Les nombres s'écrivent en chiffres. Et en lettres. Ce sont donc également des mots.

Des danseurs de grand talent, qui s'offrent en partenariat aussi bien pour valser tout doucement que pour exprimer un tango argentin.

Des danseurs prêts à répéter une même routine de pas aussi longtemps que nécessaire pour en maîtriser la leçon.

C'est souvent dans la répétition d'une même séquence de mots que s'affiche le message.

Un 3e contrat d'édition signé le 30 septembre 2021, avec une parution en librairie prévue le 11e jour du 3e mois de l'année 2022. Le mot « onze » me parle de mission de vie et le mot « trois » de communication. Et onze fois trois totalise 33, mon nombre d'entité, celui qui vibre le plus comme mon âme, tel que je l'ai exprimé dans un chapitre précédent.

Mon contrat a donc été signé à une date à vibration 17, le nombre de la guérison karmique. Un nombre-mot qui m'informe que ce livre, comme les deux premiers, m'aurait été demandé pour nous aider à guérir ce qui fut et ce qui est…

Nous sommes constamment entourés de chiffres.

Leurs combinaisons représentent des séries de mots qui ont un grand pouvoir lorsque nous leur prêtons l'oreille du cœur !

Sinon, ils se doivent de parler un peu plus fort pour être entendus…

EN RÉSUMÉ :

Les chiffres sont aussi des mots.

Des mots dont la répétition est très significative.

Prêtons-leur l'oreille du cœur afin d'éviter qu'ils se doivent de hausser le ton…

Phrases que j'ai déjà lues
et mes suggestions en italique

Une médaille n'est jamais assez mince pour voir les deux côtés.
Je prends conscience qu'il y a deux côtés à chaque situation.

N'emprisonnez pas l'amour, ne lui mettez pas de limites.
Libérez l'amour, il est illimité.

L'amour ne se divise pas.
L'amour se multiplie constamment.

Chapitre 23

Dire « Oui » au changement

Ce matin, une âmie m'écrit pour savoir pourquoi sa vie stagne malheureusement, alors que son entourage vit d'énormes changements depuis le début de la période pandémique dans laquelle baigne la Terre depuis mars 2020. Je lui demande aussitôt si elle a dit « Oui » au changement. Elle me répond qu'elle n'a jamais dit non à modifier son quotidien. Ohhh, il y a une énorme différence, tu sais, entre « ne jamais dire non » et énoncer un « Oui » à l'Univers en se rendant disponible au changement ! « Comment on fait ça ? », me demande-t-elle. C'est facile. Tu ouvres ton cœur bien grand et tu dis : « Oui, je suis prête. Oui, j'accepte le changement dans ma vie. » Et je t'assure que ta vie va changer pour t'aider à faire davantage ta mission de vie. Est-ce que ça va changer de la façon dont tu l'as imaginée ? Tu sauras me le dire… Assure-toi d'abord que tu es prête à toute éventualité avant d'émettre ton « Oui » !

Lorsque nous n'aimons pas où nous nous trouvons présentement, nous pouvons également modifier les mots associés à nos pensées, envoyant par le fait même le message à l'Univers que nous sommes ouverts au changement. Et une des premières choses à faire en ce sens est de bannir de notre vocabulaire des pensées du type « J'ai toujours été comme ça », « C'est ce que je suis, c'est tout » et « Je ne peux rien y changer ». Acceptons aussi de laisser tomber les limites de toutes sortes que nous avons érigées au fil du temps et de nous ouvrir à l'inconnu, incluant l'Invisible.

Comme Einstein l'a si bien dit : « Un esprit qui s'ouvre à une nouvelle idée ne regagne jamais sa taille normale. » J'aurais probablement dit : « Un esprit qui s'ouvre à une nouvelle idée gagne constamment une taille différente. » (Note à moi-même : lui en souffler un mot lorsque j'arriverai de son côté du Voile !)

Et parce que la répartition de tout ce qui existe est d'environ 2 % dans le visible et 98 % dans l'invisible, je vous laisse imaginer l'ampleur du résultat lorsque nous exprimons un « Oui » senti, de cœur à cœur, à l'Univers et l'entièreté de son invisible…

Dire « Oui » à l'Invisible, c'est s'ouvrir à une multitude d'expériences tout aussi enrichissantes les unes que les autres.

Dire « Oui » à l'Invisible, c'est se relier consciemment à nos Guides, Anges, Archanges, Êtres de Lumière et personnes décédées que nous aimons énormément.

Dire « Oui » à l'Invisible, c'est élever nos vibrations afin que tout prenne un sens... pas le sens que nous voulons donner à notre vie, mais le Sens avec lequel notre âme était d'accord avant de se réincarner et de choisir sa mission de vie.

Dire « Oui » à l'Invisible, c'est se créer une belle vie à chaque Ici et Maintenant.

Dire « Oui » à l'Invisible, c'est dire « Oui » au changement. C'est accepter les cadeaux que l'Univers a en réserve pour nous et qui sont appelés à nous être livrés, de toute façon. Ce serait dommage de devoir visiter des sorties de route pour finalement croiser le Facteur de la Vie !

Et comme l'a si bien exprimé Sophie Astrabie dans son livre *La somme de nos vies :* « Interdire c'est… c'est juste repousser. »

EN RÉSUMÉ :

Dire « Oui » au changement, c'est se rendre disponible, au besoin.

Dire « Oui » au changement, c'est dire « Oui » à l'Invisible.

Dire « Oui » au changement, c'est accepter de se réaligner avec sa mission de vie.

Dire « Oui » au changement, c'est accepter les cadeaux de l'Univers.

Phrases que j'ai déjà lues *et mes suggestions en italique*

Aucun problème ne peut être résolu sans changer le niveau de conscience qui l'a engendré.
Les problèmes trouvent solution à un niveau de conscience plus élevé.

Ne pas tenter de comprendre.
Accepter ce qui arrive.

Ne vous jugez pas.
Acceptez-vous tel que vous êtes.

Chapitre 24

Le choix des mots nous appartient

Parlant de « Oui » et de changement, avez-vous parfois l'impression d'être rendu au bout de la route actuelle ? Si c'est le cas, dites Merci, car c'est un merveilleux signe que la suite ne se fera pas en continuant dans la même direction. Tournez-vous un peu et regardez devant, dans tous les sens. Plein d'autres chemins s'offrent à vous. Oserez-vous choisir celui qui correspond à votre passion ?

Puis, simultanément avec l'écriture de la fin de ce paragraphe, voilà que j'entends la cloche d'un message entrant sur mon ordinateur. Une dame m'écrit : « Je suis au milieu du carrefour et j'attends de prendre la meilleure direction pour mon évolution ; je ne sais pas encore, alors j'attends patiemment. » Je lui réponds aussitôt : « Je t'invite à dire plutôt que tu sais déjà, car tu écoutes ton cœur, celui qui choisit les mots dont la résonance t'ouvre toutes les portes. Alors, tourne la poignée de chacune des portes qui t'appellent sur ton chemin ; derrière l'une d'elles, il y aura un gros « Oui » ! »

Un « Oui » pour commencer à marcher le prochain segment sur lequel la priorité sera donnée aux mots favorisant l'amour du Soi. Un amour inconditionnel qui accepte de laisser monter les mots qui appellent la guérison des maux dans la joie de l'Être. Un amour de Soi tellement grand qu'il rejaillit sur l'unité planétaire et bien au-delà.

Si, au lieu de se Soi-nier, on commençait par se gai-rire !

Vous êtes le pilote ; où irez-vous ?

Allez où vous voulez, vous êtes libre.

Il suffit uniquement de donner vos instructions...

Des instructions dans le langage de l'Univers : positives et au présent !

Ça me rappelle un jour, en atelier, alors qu'une participante s'est exclamée : « Je ne comprends pas pourquoi j'ai été malade durant tout l'hiver alors que j'avais bien pris soin de répéter matin et soir que je ne voulais pas être malade de tout l'hiver. »

C'est vrai que l'Univers répond à toutes nos demandes, après avoir pris soin de retirer les expressions du type « ne pas » de nos phrases. Cette dame avait donc émis continuellement le souhait d'être malade tout l'hiver, et c'est exactement ce qu'elle a reçu. Il aurait été si simple de remercier l'Univers pour une santé divine parfaite !

À tous les jours, je lis ici et là des phrases dont la forme serait aisément modifiable. En voici quelques-unes, suivies d'une suggestion pour chacune (en italique)[6] :

- Ça ne fait aucun doute.
  J'y crois.
- Ce n'est pas facile.
  J'apprends un peu plus à chaque jour.
- Pour que les belles choses viennent à nous, il ne faut jamais cesser d'y croire.
  Plus nous y croyons, plus les belles choses viennent à nous.
- Ne cesse jamais d'essayer.
  Essaie continuellement.
- Le passage ne sera pas difficile.
  Le passage sera aisé.

6. D'autres phrases et suggestions de remplacement sont données à la fin de chacun des chapitres.

- Ça ne coûte vraiment pas cher.
  Le prix est très abordable.

- Ne laissons jamais personne ni les événements détruire nos rêves.
  Tout contribue à nos rêves.

Pourquoi se compliquer la vie en cherchant à construire des phrases dans leur forme négative, alors que nous avons accès au positif de chaque idée. Laissons les négatifs aux photographes et amusons-nous à valser avec la simplicité. Surtout que la langue française nous offre une multitude de tournures de phrases pour nous faciliter la vie et nous assurer d'être bien compris par l'Univers.

Il y a aussi toutes ces phrases associables à ce qui ressemble à de la « victimite aigüe », un genre de supplication, consciente ou inconsciente, pour faire pitié ou simplement attirer l'attention sur soi. Des phrases qui, dans un futur rapproché, peuvent donner l'impression de recevoir l'effet escompté, alors qu'elles peuvent provoquer tout à fait l'inverse à long terme.

Par exemple, de dire « Tout va mal. » est un appel à vivre toujours plus de difficulté, alors que la phrase *« Plus j'y travaille, plus je réussis. »* incite la facilité à revenir nous visiter.

Et que dire de la phrase « Je suis mort de fatigue. » qui est un appel à se sentir toujours plus fatigué, jusqu'à y laisser sa peau. Rappelons-nous que ce qui suit les mots « Je suis » est une demande formelle à l'Univers de vivre spécifiquement cet état. Cette phrase pourrait facilement s'exprimer par les mots *« Le repos me fera le plus grand bien. »*

Ou encore les gens qui, sur Facebook, commentent mes textes qui incluent des clés de cheminement en écrivant : « Toi, tu peux le faire, mais moi, je n'y arriverai jamais, c'est trop difficile. » C'est sûr qu'en formulant une telle phrase, la difficulté est sur le point de se prendre un abonnement à vie !

Vous aurez tôt fait de comprendre que je vous invite à utiliser davantage des phrases qui s'apparentent au bassin du 2e groupe (suggestions en italique), quoique le choix des mots vous appartienne en tout temps. Je vous laisse donc l'expérimenter et nous pourrons en reparler !

Dans son livre *Raccourcis vers le bonheur,* Karine Drouin nous parle aussi de mots ou d'expressions à bannir de notre vocabulaire :

- J'ai échoué
- Je n'ai pas réussi
- Je n'y suis pas arrivé
- J'abandonne
- Échec

Elle mentionne également des expressions à utiliser aussi souvent que vous le souhaitez :

- J'ai progressé
- Je vais de l'avant
- J'ai réussi à franchir cette étape
- Apprentissages, progrès
- Je suis capable

Nous avons toujours le choix des mots que nous utilisons. J'aime tout particulièrement les choisir dans « le lexique bonheur ». Rappelons-nous que chaque mot émet sa propre musique et, comme l'a si bien écrit Lao Tseu : « La musique de l'âme s'entend dans tout l'Univers. »

Ainsi, lorsque nous sommes seuls, prenons conscience de nos pensées. Lorsque nous sommes avec des gens, choisissons bien nos mots.

EN RÉSUMÉ :

L'Univers parle au positif présent ;
choisissons donc des mots pour être compris.

Avant de transmettre une phrase ou un texte,
demandons-nous si une autre formulation serait plus appropriée.

Si, au lieu de se Soi-nier, on commençait par se gai-rire !

Phrases que j'ai déjà lues
et mes suggestions en italique

Un virus d'amour !
Un amour qui s'étend à tous !

C'est terriblement beau !
C'est tellement beau !

Tu es un soleil, non pas pour t'éclairer toi-même,
mais pour éclairer le monde.
Tu es un soleil pour toi-même et pour le monde entier.

Chapitre 25

Les mots qu'on garde en soi

Il y a aussi tous les mots que nous choisissons de taire…

Des mots qui, au fil du temps, parcourent notre corps physique dans le but d'être exprimés. Des mots qui, par doute ou par peur du résultat chez les destinataires, élisent plutôt domicile dans notre gorge ou notre bouche, causant des maux de gorge, feux sauvages, boutons de fièvre ou herpès labial, selon que leur retenue génère ou non de la colère en nous[7].

Ceci me rappelle un texte que j'ai lu un jour sur le site *lesmotspositifs.com* : « Savez-vous où vont les mots que l'on ne dit pas ? Ce qu'on ne dit pas s'accumule dans notre corps et se transforme. Les mots que l'on ne dit pas se transforment en frustration, en tristesse, en insomnie, en douleur et en un manque de satisfaction. Ce qu'on ne dit pas ne meurt pas, mais nous tue. »

J'avoue que c'est un peu intense, sauf que l'image véhiculée par ces mots est parlante !

François Garagnon, dans son livre *Jade et les sacrés mystères de la vie,* a exprimé sensiblement la même chose, avec plus de douceur :

7. Voir mon livre *Fais-moi Signe* aux Éditions Le Dauphin Blanc.

« Souviens-toi que les mots sont parfois comme des voyageurs qui n'arrivent pas à destination. Tu ne pourras jamais faire davantage pour quelqu'un que de le rapprocher un peu plus de lui-même. Et la meilleure façon d'y parvenir, c'est de l'écouter. »

Il y a donc lieu, à ce stade-ci, d'investiguer pourquoi nous désirions tellement exprimer ces mots que nous avons finalement choisi de retenir.

Et si ce refoulement était un appel à être plus à l'écoute…

En mode d'écoute active, nous rephrasons différemment les propos du locuteur par souci d'avoir bien saisi ce qui nous fut expliqué. Ainsi, tous les mots que nous ressentons peuvent être exprimés, ne laissant aucun mot à entreposer dans la gorge ou sur le bord des lèvres. Aucune colère en suspension de ne pas avoir été entendu.

La phrase bien connue : « La colère, c'est quand votre bouche se met à fonctionner plus rapidement que votre esprit » nous parlerait-elle d'un appel à écouter davantage ? Comme je le dis souvent : « Nous avons deux oreilles et une bouche, c'est donc pour écouter deux fois plus que nous parlons ! »

Il arrive tellement souvent que pendant que nous écoutons quelqu'un, nous nous demandons ce que nous aurions fait à sa place, dans une situation identique, générant intérieurement une multitude de mots. Certains que nous réussissons à placer immédiatement, durant les pauses silencieuses de celui ou celle qui nous parle, et d'autres qui se réunissent en une masse compacte, formant des « nœuds » qui devront éventuellement ressortir de notre corps physique pour libérer de l'espace. Ce serait dommage de devoir attendre que la vie se voit dans l'obligation de nous faire Signe pour le comprendre et s'en libérer…

Ainsi, lorsque quelqu'un vient nous partager un segment de sa vie, il suffit de faire le vide, d'entrer dans un silence réceptif, le cœur bien ouvert, où nul mot n'est nécessaire. Comme l'a si bien écrit Sarah Ban Breathnach : « J'ai découvert que c'est dans le silence que nous avons le plus de chance d'entendre les doux accords de l'harmonie. »

Il y a aussi tous ces mots que nous nous adressons à nous-mêmes, tout particulièrement lorsque nous revisitons des situations où nous regrettons les mots que nous avons dits. Nous voyant jouer en boucle ceux que nous aurions préféré émettre et nous répétant qu'il est trop tard... pensons-nous à tort !

J'ouvre ici une parenthèse pour mentionner à nouveau que le seul effet des regrets d'avoir émis des mots que nous aurions préféré retenir est d'ajouter des rides sur notre doux visage... Et c'est totalement inutile !

En fait, tout se joue en même temps. Nous pouvons donc recréer une situation en la jouant autrement, avec des mots différents, grâce à un silence méditatif.

Les temps de silence sont des respirations qui nous permettent de mettre entre parenthèses des suites de mots qui nous indisposent afin de nous en soulager. L'Invisible étant un train à grande vitesse, il sait transporter nos nouveaux mots vers leurs destinataires.

Et pour ceux qui n'apprécient pas tellement la méditation, vous pouvez rejouer les scènes par écrit, en imaginant un tout nouveau scénario. Dans vos temps libres, vous pouvez mettre sur papier des mots différents ; le metteur en scène que vous êtes saura leur donner vie, soyez-en certain. Écrire est un merveilleux exutoire pour libérer les mots qui ont formé des nœuds inutiles. Le phrasé de votre nouvelle pièce de théâtre saura trouver son auditoire, d'âme à âme. Ce scénario amélioré peut être brûlé ou conservé dans un tiroir pour une éventuelle représentation...

Et comme je l'ai lu un jour sur Facebook : « S'exprimer est important, les non-dits sont des poisons lents pour notre âme et notre corps. Tout doit finir par sortir, d'une façon ou d'une autre. Ce que vous refusez de laisser sortir par les mots sortira par les maux. »

Oui, je suis bien d'accord, alors aussi bien le faire en utilisant le pouvoir des mots !

Silence, on tourne !

EN RÉSUMÉ :

Les mots sont parfois comme des voyageurs qui n'arrivent pas à destination.

Deux oreilles et une bouche, pour écouter deux fois plus que nous parlons !

L'Invisible nous donne l'opportunité de modifier les mots que nous avons déjà dits.

Phrases que j'ai déjà lues *et mes suggestions en italique*

C'est pas bon !
C'est différent !

Je n'ai pas de chance à vos concours, mais je participe.
Je ressens qu'un jour je gagnerai un de vos concours.

Rien ni personne n'a le pouvoir de m'éteindre.
Tout alimente ma lumière.

Chapitre 26

Mots de peur... en appel aux mots d'amour

La peur et l'amour ignorent comment cohabiter.

En tout temps, nous sommes peur ou amour. Jamais les deux en même temps.

Se taire par peur. S'exprimer par peur. Deux phrases synonymes qui appellent des mots d'amour. De l'amour des autres pour soi. De l'amour de soi à soi.

Exprimer ce que nous ressentons être notre vérité peut très certainement faire sursauter notre entourage. Les aider à voir qui nous sommes vraiment. Les aider à nous aimer d'un amour inconditionnel, malgré et grâce à qui nous sommes.

Bien sûr que d'exprimer qui nous sommes peut aussi générer une porte de sortie pour des personnes que nous aimons tout particulièrement.

Traverser de la peur à l'amour se fait en utilisant le pont fabriqué de mots d'interrogation.

Est-il préférable de vivre avec des gens qui apprécient une fausse image de nous en obligeant notre âme à se taire jusqu'à la fin de son parcours... ou est-ce mieux d'accepter de marcher la route sans eux ?

S'exprimer franchement permet tout au moins à la peur logée en nous, sous forme de nœuds, de remonter à la surface en empruntant le chemin de la délivrance et de la liberté. Ce serait dommage de croire que de laisser voler ces mots puisse nous rendre malade de peur.

Avoir peur de ce que les autres peuvent penser de ce que nous exprimons avec des mots de cœur, c'est leur donner un énorme pouvoir. C'est leur permettre de nous emprisonner dans une cage limitative. Une cage dont nous avons pourtant la clé.

Comme l'a si bien écrit Virginie Grimaldi : « La vie se trouve juste derrière la peur. », alors osons vivre en laissant la chance à notre cœur de jouer sa propre symphonie. Car le cœur, chaque fois que nous lui donnons la parole, sait nous guider vers nos clés de cheminement. Souvenons-nous que notre cœur est constamment branché à la Source et que les mots qu'il nous suggère sont issus d'un grand bassin d'Amour.

Je me souviens du jour où j'ai lu cette phrase de Neale Donald Walsch dans une de ses conversations avec Dieu : « Toute action entreprise par les êtres humains est fondée soit sur l'amour, soit sur la peur, et tu es libre de choisir entre les deux. » Ce jour a marqué le début d'un tout nouveau segment de ma vie. Celui où j'ai ressenti que parler était un acte d'amour et que chaque mot émis portait une énergie de création. Que voulais-je créer ?

Marie-Chantal Martineau abonde aussi dans le même sens en écrivant : « Il faut savoir ce que tu veux vraiment ... la paix ou la confrontation. La haine ou la pureté. La division ou l'amour. Car l'amour ne divise jamais. Il unit comme un ciment cosmique. »

Je vous invite donc à ensemencer de mots d'amour notre belle planète bleue et tous ceux qui, comme vous et moi, y ont élu domicile en cette vie.

J'aime aussi beaucoup la façon dont Omraam Mikhaël Aïvanhov, un grand Maître qui œuvrait conjointement avec le Soleil, s'est exprimé sur ce sujet lors de son plus récent voyage sur Terre :

> « Lorsque vous êtes angoissé ou irrité, au lieu de vous ronger ou d'aller partout inquiéter les autres, restez tranquille.

> Commencez par respirer, puis prononcez un mot avec amour, faites un geste avec amour, envoyez une pensée avec amour... Vous constaterez que ce qui fermentait et se putréfiait en vous est chassé très loin. En faisant appel à l'amour, vous avez ouvert une source en vous ; alors maintenant laissez-la travailler, elle purifiera tout. Vous voyez, c'est facile, il suffit d'ouvrir son cœur, de déclencher l'amour. »

Il y a aussi tous les mots que nous regrettons d'avoir gardés pour nous par peur d'être ridicule face à telle ou telle personne. Il suffit de penser à l'expression « Je t'aime ! » qui est tellement souvent « refoulée » par peur de la façon dont elle sera accueillie. Une expression facile à exprimer lorsque la personne a encore un corps physique. Pensons-y bien avant que l'envolée cogne à la grande Porte, soit celle de la personne, soit la nôtre...

Julien Sandrel en parle merveilleusement bien dans son livre *La vie qui m'attendait* lorsqu'il fait dire à son personnage principal :

> « Je prends conscience de toutes ces choses à côté desquelles je suis passée dans ma vie. Par paresse, parfois. Par peur, souvent. Tout au long de ma vie, j'ai vécu dans la peur. La peur de tout, tout le temps. Alors qu'aucune menace ne planait sur moi. Je me suis censurée, je me suis barricadée derrière des paravents de papier, j'ai moi-même assombri mon quotidien, inlassablement. »

Vivre dans la peur et se taire, c'est garder son nez collé sur l'arbre. Alors que vivre dans l'amour, c'est oser se reculer de l'arbre et exprimer des mots d'amour à l'entièreté de la forêt. C'est oser regarder une situation en face et sortir de sa zone de confort. C'est revenir dans notre cœur afin d'y voir plus clair. Souvenons-nous aussi que « Parler avec le cœur a pour objectif d'attirer l'oreille du cœur de l'autre personne. », comme l'a si bien écrit Louise Hélie dans son livre *VISA vers la Vie*.

Il en est de même à l'échelle planétaire. En prenant un peu de recul, les frontières de l'illusion s'effacent et les peurs tombent... offrant ainsi toute la place aux mots d'Amour !

EN RÉSUMÉ :

Choisir la vie, c'est remplacer des mots de peur par des mots d'amour.

Choisir la vie, c'est offrir nos plus beaux mots d'amour à la Terre et tous ceux qui ont choisi d'y élire domicile.

Phrases que j'ai déjà lues *et mes suggestions en italique*

Le vrai amour ne meurt jamais.
Le vrai amour est éternel.

Personne ne voudrait retourner dans le non-amour.
Tout le monde préfère vivre dans l'amour.

Ne perdez aucune chance d'aimer.
Ouvrez-vous à toutes les formes d'amour.

Chapitre 27

Des mots qui font sourire notre âme

Au moment où je m'installe pour écrire mon 27e chapitre, une dame m'écrit : « Toi qui nous suggères de parler avec notre cœur, aurais-tu un truc à me donner pour y parvenir ? »

En fait, parler avec notre cœur, c'est choisir des mots qui font vibrer notre âme. Des mots qui nous aident à nous souvenir qui nous sommes dans le cœur de notre chakra du cœur. Cet endroit qui s'est construit au fil de nos vies, sur Terre et en d'autres Ailleurs. Les mots qui émergent de ce point que plusieurs appellent « Ici et Maintenant ». Des mots qui expriment facilement notre beauté d'âme.

Ce qui me rappelle une des phrases extraite du livre *Les Cinq Codes d'Éveil* d'Alain Williamson : « Pour l'être qui sait regarder avec les yeux du cœur, tout est propice à l'émerveillement, tout est sublime et pourtant simple. »

Chaque fois que nous lisons ou entendons une phrase qui nous fait frissonner, nous savons dès lors que les mots qui la composent font sourire notre âme. Une phrase qui nous incite à la noter afin de pouvoir nous y référer éventuellement, aussi souvent que cela nous plaira. Une phrase qui appelle la répétition, autant en silence qu'à haute voix. Une phrase qui prend souvent le nom de « mantra ».

Un mantra nous rapproche toujours plus de la vérité de notre âme.

Un mantra nous aide à juxtaposer les mots de cœur et les vibrations de notre âme.

Et sachant que l'Univers entend tout ce que nous disons, construire nos phrases à partir du grand dictionnaire céleste nous assure déjà de recevoir en écho ce que nous avions souhaité. En ce sens, les mantras constituent un outil par excellence.

En fait, les mantras sont des phrases constituées de mots positifs et conjuguées au présent. Inclure des expressions du type « ne pas » pourrait générer des résultats susceptibles de vous faire gémir des interrogations telles que « pourquoi toi ça fonctionne et pas moi ? » Rappelons-nous que l'Univers ignore tous les mots à saveur négative et agit sur les mots restants. Par exemple, la phrase « J'espère que je ne serai pas malade. » est à exclure de la famille des mantras. Par contre, de répéter les mots « Je suis en pleine santé. » nous aide à vivre de merveilleuses saisons.

J'ai dit énormément de mantras dans ma vie, dont certains que j'ai répétés 35 000 fois. Il faut dire que si je remonte à cette période, tout fonctionnait plutôt au ralenti. Enclencher l'intégration des mots d'un mantra s'apparentait à insuffler une vitesse de croisière à une voiture à partir de son point d'arrêt. Le taux vibratoire actuel de la Terre rend ce nombre exubérant et inutile.

À ceux qui me demandent combien de fois dire un mantra, je réponds que c'est particulier à chacun. Sentez-vous libre de faire valser les mots d'un mantra aussi longtemps que vous ressentez qu'ils ont un effet sur vous. Je vous dirais qu'il risque d'y avoir résistance au début, même s'il est vrai qu'une phrase répétée dix fois, avec les mots placés exactement dans le même ordre, laisse déjà une empreinte indélébile dans notre cerveau. Rappelons-nous toutefois qu'un mantra s'adresse plus particulièrement à notre cœur… et œuvre sur toutes nos vies.

Un mantra est un exercice par excellence d'intégration des mots énoncés, jusqu'à en devenir son contenu, et ce, avec le temps comme allié de taille. Par exemple, choisir de dire le mantra « Je suis patient. » est un appel à devenir patient. Vous pouvez alors compter sur la grande générosité de l'Univers pour vous envoyer un nombre impressionnant de situations qui mettront votre patience à rude épreuve. Vous serez même tenté de dire, au tout début des répétitions de ce mantra, que ça ne fonctionne pas ! Un peu comme une rivière que nous choisirions de nettoyer : au début de l'exercice, tous les détritus remontent à la surface, nous laissant croire que c'est pire qu'avant d'avoir entrepris le grand nettoyage. C'est durant le processus que nous commençons à voir l'effet escompté. Un mantra répété des milliers de fois, c'est un appel et une acceptation de procéder au grand nettoyage dans notre vie. Pour reprendre notre exemple de patience, c'est après avoir touché tous les mots d'impatience que la personne sera patiente. En fait, la personne sera devenue la patience intégrée.

Vous êtes plusieurs à me demander des suggestions de mantras, alors en voici une quinzaine que j'ai dits de très nombreuses fois durant les vingt dernières années. Si certains trouvent résonnance en votre cœur et font sourire votre âme, je vous les offre avec grande joie.

- ❖ Ma vie est le reflet parfait de mon âme.
- ❖ J'utilise tous mes atouts pour réaliser mes rêves.
- ❖ Je garde mon calme en toutes circonstances. J'ai confiance dans ce qui m'est donné de vivre.
- ❖ Je transporte dans mon cœur le résultat de mes actions de la journée. Je les dépose par la suite dans l'invisible pour servir l'humanité.
- ❖ Tout me regarde, tout me concerne, car j'ai tout à apprendre.
- ❖ Je m'inspire des Grands Maîtres pour suivre un chemin qui me fait avancer à l'intérieur de moi-même.
- ❖ À chaque fois que je ressens d'abord l'action à faire, je me retrouve dans le meilleur de moi-même.
- ❖ La méditation m'aide à faire exploser mes qualités et me donne un regard sur mon âme.
- ❖ Je fixe mon idéal et le maintiens.

- Tout en moi concerne l'Univers.
- Mon regard se pose avec rapidité sur tout ce qui est positif dans ma vie.
- Avant que les choses soient, il existait le silence. C'en est ainsi pour moi.
- Je m'apprivoise et j'explore l'inconnu et ainsi je me retrouve constamment en joie.
- Je transporte en moi tout ce qui est nécessaire pour faire ma vie. Je consacre mon temps à me développer spirituellement.
- J'accepte que mon essence divine occupe tout l'espace, dans mon corps, mon cœur, mon esprit, ainsi que toutes mes cellules, visibles et invisibles.

Et à ceux qui me diraient que ces mantras sont magnifiques, sauf que leur mémoire s'en plaindrait jour et nuit, je leur répondrais que ce serait une bonne idée de choisir le mantra « Ma mémoire est divinement parfaite. » J'ajouterais aussi que « Merci » demeure le plus simple des mantras. À lui seul, il englobe tous les autres. Merci pour l'Amour ! Merci pour la Lumière ! Merci pour la Joie ! Merci pour l'Abondance ! Merci ! Merci ! Merci !

Comme l'a si bien écrit Francine Ruel dans son livre *Le promeneur de chèvres :* « Elle aurait voulu inscrire un message plus long, mais il n'y avait pas la place. Je trouve que merci, c'est un beau mot. Ça dit tout. »

Les mantras sont un langage ; plus nous leur accordons de notre temps, mieux nous le parlons. Bonne pratique !

EN RÉSUMÉ :

Les mantras sont des suites de mots qui, répétés, font sourire notre âme.

Merci est le plus simple et le plus complet des mantras.

Phrases que j'ai déjà lues *et mes suggestions en italique*

Aimer la lecture, c'est n'être jamais seul.
Aimer la lecture, c'est être constamment accompagné.

Je ne me lasse jamais de toute cette beauté.
Je savoure constamment cette beauté.

C'est l'fun, j'ai été malade et je ne suis pas allé au travail.
C'est plaisant de m'octroyer une journée de congé.

Chapitre 28

Mantras personnalisés

De tous les mantras que j'ai dits dans ma vie, j'avoue que ceux qui ont agi en profondeur sont ceux que je suis allée chercher moi-même dans le cadre de méditations. Des méditations que j'ai eu le bonheur de guider de très nombreuses fois dans mon Havre de Paix afin d'aider les participants à aller cueillir et accueillir, eux aussi, les mots de leurs âmes. Des méditations dont les mantras émanent directement des Hautes Sphères. Ces lieux accessibles à tous et chacun en autant que la Joie fasse partie du Voyage !

Vous aimeriez, vous aussi, débuter un voyage intérieur qui ouvre les portes de trésors dissimulés dans le silence de votre Être ?

Si oui, je vous invite à me suivre… (Si non, vous pouvez passer directement au chapitre suivant et y revenir lorsque le temps et le désir seront de la partie.)

Installez-vous confortablement dans un lieu paisible. Assurez-vous que vous êtes bien assis et que vos pieds sont en contact direct avec le sol. Vous pouvez aussi choisir de le faire en étant couché si vous pensez pouvoir demeurer conscient durant tout le temps de la méditation. Dans tous les cas, fermez vos yeux.

Prenez trois grandes inspirations et expirations. Durant chacune des inspirations, vous inspirez l'Amour et la Lumière aussi longtemps que vous le pouvez. Durant chacune des expirations, vous voyez sortir par votre bouche (en faisant le son « a » à voix haute) toutes les difficultés et/ou la tristesse de votre quotidien. Ces lourdeurs traversent votre corps physique pour se rendre jusqu'en plein milieu de la Terre.

Vous reprenez ensuite un rythme normal de respiration.

Vous voyez ensuite sortir de sous vos pieds (ou de votre chakra de la base au niveau du coccyx si vous êtes couché) de très longues et très larges racines rouges qui se rendent jusqu'en plein de milieu de la Terre et s'enroulent autour de l'arbre qui s'y trouve. (J'aime bien y voir un vieux bouleau blanc ; libre à vous de choisir l'essence d'arbre qui vous plaît.)

Vous vous reliez ensuite aux belles présences que vous aimez tout particulièrement, incluant vos êtres chers qui ont déjà retraversé le Voile et avec qui vous aimez œuvrer. Par exemple, j'aime bien dire : « Je me relie à mes Guides, aux Anges, aux Archanges, aux Êtres de Lumière et aux Peuples de Lumière de tout le cosmos, à papa Armand, à grand-maman Rose, à Orégane, à ma belle cousine Lise, à mon oncle Jacques, à ma tante Hélène, à ma belle âmie Jeanne et à sa nièce Alexandra. »

Vous bénissez ensuite tous ces Êtres en disant : « Je vous bénis, je vous envoie de la Lumière et de l'Amour. Merci de faire équipe avec moi durant cette méditation où je vais à la rencontre de mon Moi Supérieur pour recevoir un mantra personnalisé. » (Sentez-vous toujours à l'aise de rephraser avec les mots de votre choix.)

Vous allez ensuite vous asseoir sur le lotus blanc qui se trouve dans le cœur de votre chakra du cœur. Une fois assis confortablement, ce lotus se transforme en balançoire d'une grande douceur. Chaque va-et-vient permet à votre passé et à votre futur de s'unir et devenir votre présent. Vous ressentez de plus en plus le vent chaud qui s'invite à la grandeur de votre visage. Vous vous laissez bercer ainsi jusqu'à devenir la légèreté qui s'apparente à celle de votre âme.

Vous descendez ensuite de la balançoire et vous avancez droit devant vous, jusqu'à trouver une porte. Des gardiens se trouvent de chaque côté de la porte. Remerciez-les.

Vous tournez ensuite la poignée et vous entrez. (S'il n'y a pas de poignée, il vous suffit probablement de pousser la porte.)

Vous vous retrouvez alors dans un lieu paradisiaque. Prenez le temps de savourer cet endroit d'une grande beauté. C'est votre île secrète.

Vous tournez ensuite vers la droite et vous avancez jusqu'à trouver une autre porte. Vous entrez en ce nouveau lieu. C'est votre jardin secret.

Droit devant vous, se trouve un autel sur lequel sont placées des chandelles. Remarquez le nombre de chandelles, leur couleur et si elles sont allumées.

Vous contournez l'autel par la droite et vous allez droit devant vous, où vous attend votre Moi Supérieur. Prenez place sur le siège qui vous est dédié, à côté de Lui.

Regardez la Lumière qui occupe cet Espace. Ressentez tout l'Amour qui y règne.

Puis, écoutez les mots qui vous sont adressés. (Il se peut aussi qu'un papier sur lequel sont écrits ces mots vous soit remis par votre Moi Supérieur.)

Ces mots constituent votre mantra personnalisé.

Savourez cet instant aussi longtemps que vous le désirez.

Lorsque vous êtes prêt, remerciez votre Moi Supérieur et avancez vers la porte, en passant à la droite de votre autel. Prenez le temps de remarquer si le nombre de chandelles et les couleurs sont les mêmes ou s'ils ont été modifiés durant votre entretien avec votre Moi Supérieur. Observez bien également si les flammes des chandelles vacillent différemment, ou peut-être se sont-elles allumées.

Traversez ensuite la porte et savourez à nouveau votre île secrète. Sa lumière est-elle plus prononcée ? Des cristaux ont-ils fait leur apparition ou sont-ils maintenant plus nombreux ? Notez bien toutes les différences.

Lorsque vous le ressentez, dirigez-vous vers la première porte que vous aviez empruntée. Ouvrez-la et marchez droit devant, jusqu'à revenir vous asseoir sur le lotus qui se trouve dans le cœur de votre chakra du cœur. Balancez-vous aussi longtemps que vous le désirez.

Invitez les mots de votre mantra à prendre place dans votre cœur. Répétez-les afin d'y laisser déjà une première empreinte d'Amour et de Lumière.

Puis revenez habiter totalement votre corps physique en prenant conscience où vous êtes (assis ou couché, l'endroit sur Terre, à l'intérieur ou à l'extérieur, la date du jour, etc.). Ordonnez ensuite à vos corps subtils et de Lumière à en faire autant.

Remerciez tous les Êtres de Lumière qui ont voyagé avec vous durant le temps de cette méditation.

Commencez ensuite à bouger votre corps physique (mains, bras, pieds, jambes, thorax, dos, bassin, cou de droite à gauche et de haut en bas).

Au moment où vous êtes prêt, et uniquement à ce moment-là, ouvrez vos yeux physiques.

Écrivez ensuite votre mantra personnalisé sur un bout de papier. (Si vous n'avez rien entendu, rien vu, rien ressenti, il se peut que vous le receviez durant votre prochain rêve de nuit.)

Et répétez-le aussi souvent que désiré !

Dans vos temps libres, je vous invite aussi à écrire les différences entre votre route pour aller chercher les mots de votre mantra personnalisé et votre route de retour. Le pouvoir des mots de votre mantra personnalisé se serait-il déjà fait sentir…?

EN RÉSUMÉ :

Notre Moi Supérieur connaît la suite de mots dont la répétition nous fera le plus grand bien.

La méditation est un merveilleux outil pour obtenir un mantra personnalisé.

Lorsque nous ressentons que les mots reçus ont accompli leur mission, nous pouvons retourner chercher un autre mantra personnalisé.

Phrases que j'ai déjà lues *et mes suggestions en italique*

Mon rêve, c'est que ça ne s'arrête pas.
Je rêve que ça perdure.

Ma vision envers la vie et envers moi.
Ma propre vision de la vie.

Je ne sais jamais où aller.
Mes pieds sont constamment au bon endroit.

Chapitre 29

Alors, ce sera !

Nous sommes le 29 octobre et je m'apprête à débuter l'écriture de ce 29e chapitre. Simultanément, j'entends la cloche qui m'informe de l'arrivée d'un nouveau courriel et je choisis d'aller voir ce que c'est :

ALORS, CE SERA !

Bonjour Sylvie,

Sûrement qu'Alain t'a annoncé, mais ce sera ma toile qui sera sur ton livre !

Je te souhaite un succès fou !

Et j'en réserve un avec une dédicace !

Au plaisir et belle journée !

Julï Lesage
Artiste Peintre et Maman
Site internet
www.juli.ca
Page Facebook
https://www.facebook.com/julilesageart/
Be happy!

Ma réponse à Julï est immédiate :

Wow ! Tu viens de faire ma journée ! J'ai plein de frissons...

J'avais vu la couverture de mon livre avec ta toile, et je l'adorais.

Alain m'avait dit qu'il entrerait en contact avec toi pour finaliser le tout, mais je ne savais pas encore que l'entente était conclue.

Je suis TELLEMENT heureuse que tu me l'annonces ! Merci, Merci, Merci !

J'aime tes œuvres depuis toujours et de savoir que nous serons liées sur mon troisième livre, c'est un grand honneur.

Tu peux compter sur moi pour parler de toi (et ton site) dans ce livre.

Je t'offrirai avec Joie un exemplaire dédicacé, en mars prochain.

Douce journée belle Âmie !

Sylvie

P.-s. Et je vois qu'il est 11:11... Un Signe que mes Guides sont heureux et que notre collaboration était alignée avec ma (notre) Mission !

Pendant que je fais part de cette merveilleuse nouvelle à ma relectrice et que j'ajoute avoir plein d'émotions qui montent car le nombre 29, ça fait 11 aussi, Julï me répond :

Eh bien, c'est merveilleux !!

Encore une fois, c'est un honneur d'illustrer ton troisième livre.

Bon week-end !!

Il y a de ces mots et de ces échanges verbaux et écrits qui sèment de la magie et de la féerie dans notre moment. Un moment qui, si nous le désirons, peut occuper une place de rêve, jusqu'à s'éterniser. Un espace-temps qui se résume en utilisant les mots : « *Je suis* tellement heureuse ! »

EN RÉSUMÉ :

Il y a des mots qui modifient instantanément le cours d'une journée, et d'une vie !

Osons alors utiliser l'expression « Je suis » suivie de mots de joie pour graver ce moment.

Phrases que j'ai déjà lues *et mes suggestions en italique*

Ce n'est pas pour rien qu'on l'appelle ainsi.
Il y a une raison à porter un tel nom.

Je ne le regrette pas.
Je l'apprécie.

Je veux redevenir insouciante comme un enfant.
Je suis à retrouver mon cœur d'enfant.

Chapitre 30

Trémas, traits d'union et anagrammes

Pour faire un trait d'union avec le chapitre précédent, j'aimerais vous parler de la puissance du tréma, qui nous ouvre les portes de la transformation.

Si vous avez lu mon premier livre, *Quand revient le Söleil,* vous savez pourquoi mon soleil est rehaussé d'un tréma. Si vous connaissez un peu Julï Lesage, la peintre inspirée de la couverture de ce livre-ci, vous savez pourquoi son « ie » de Julie s'est métamorphosé en « ï ». Des pépites d'or qui créent un lien avec des vies précédentes. Des points qui rehaussent un présent pour nous aider à nous souvenir de qui nous sommes. Des mots qui créent des traits d'union entre un passé et un futur. Je me suis souvent dit que les mots « Julie Lesage » auraient été plus silencieux dans mon cœur que « Julï Lesage », et ce, malgré la beauté des œuvres de cette grande Sage.

Avez-vous déjà remarqué que les mots avec un tréma attirent l'attention ? Ils constituent des ponts, des appels à nous relier. Des invitations à guérir.

Et parlant de traits d'union, je pense aussitôt à ceux qui portent un prénom composé dont les deux mots sont reliés entre eux. Sachant que notre prénom nous parle de notre mission en cette vie, un prénom composé fait état de deux missions principales. Dans l'éventualité où un trait d'union figure entre les deux prénoms, c'est signe que la personne qui les porte est revenue sur Terre pour vivre deux missions interreliées. C'est puissant un trait d'union. Ça permet à deux mots de valser ensemble et d'ouvrir les frontières.

Aussi, pour faire un trait d'union avec les mantras personnalisés dont je vous ai parlé précédemment, j'aimerais ajouter que mis à part « Merci » qui demeure, à mon humble avis, le mot le plus puissant de la langue française, celui qui vient immédiatement après est notre prénom. La vibration associée à notre prénom (officiel, pas une abréviation !) nous rappelle constamment notre mission sur Terre. La répétition de notre prénom, ou des deux mots que contient notre prénom composé si tel est le cas, fait le trait d'union entre ici et avant, entre Ici et Ailleurs. D'où l'importance d'utiliser les deux mots d'un prénom composé, car en porter un seul signifie également de laisser tomber ce trait d'union. Le mantra constitué du ou des mots de notre prénom contient un énorme pouvoir créateur aligné sur notre beauté d'âme.

Et si votre prénom est Marie, ou que ce mot fait partie de votre prénom composé, vous avez probablement déjà remarqué que les lettres qui composent ce mot sont les mêmes que celles du mot Aimer. Wow ! Un anagramme d'une grande puissance ! La répétition de votre prénom vous parle donc constamment d'aimer. Ce serait dommage qu'une Marie-Josée, par exemple, accepte de se faire appeler seulement Josée, délaissant par le fait même le pouvoir et le souvenir du mot Marie…

Comme l'a si bien dit Daniel Pennac : « La mémoire, c'est l'imagination à l'envers. »

Ceci me rappelle aussi ce qu'a écrit Catherine Martin dans son livre *Vivre au-delà de nos croyances* : « L'anagramme de « oser » est « rose » ; la rose est le symbole de l'amour. Si j'ose m'accorder de l'amour, je verrai la vie en rose et ce sera plus doux pour moi. »

Osons donc voir la vie en rose ! Cette fleur qui a les vibrations les plus élevées sur Terre. Le mot pour exprimer toute cette beauté vibre donc également très haut, car aussitôt prononcé ou écrit, il nous fait voir une fleur sur notre troisième œil. Avez-vous déjà réalisé cet exercice ? Je vous défie de lire ou d'entendre le mot « rose » sans immédiatement en voir apparaître une dans vos pensées !

Et c'est vrai dans toutes les langues. Prenons entre autres le mot *« Listen »,* qui contient les mêmes lettres que le mot *« Silent ».* Plus on écoute, plus on entend le silence et ses merveilles.

Les mots nous rappellent aussi que nous sommes revenus sur Terre pour jouer. En s'amusant à changer de place, les lettres octroient un tout nouveau sens aux mots, et les mots aux phrases et paragraphes. Osons jouer avec les mots ! La vie est une belle grande pièce de théâtre ; à nous d'en faire une comédie ou une dramatique...

Les gens te trouvent ÉTRANGE ? Tant mieux ! C'est qu'ils reconnaissent l'ÊTRE ANGE qui vit en toi.

EN RÉSUMÉ :

Le tréma attire l'attention et aide à rehausser un certain présent.

Les mots reliés par un trait d'union créent un tout nouveau sens.

Les mots se teintent des vibrations de l'objet référé.

Phrases que j'ai déjà lues
et mes suggestions en italique

Rien ne vaut une bonne balade dans la nature
pour nous réconcilier avec la vie.
Se balader en nature nous réconcilie avec la vie.

Ne jamais abandonner.
Persister et persévérer.

Tu t'appelles JF ?
En fait, je m'appelle Jean-François.

Chapitre 31

Des mots de pleine conscience

Que nous utilisions les mots à l'endroit ou à l'envers, dans un sens ou dans l'autre, l'important est que nous construisions nos phrases en pleine conscience.

Les signes sont les messages que nous envoie l'Univers pour nous parler. Les mots que nous utilisons sont les messages que vous envoyons à l'Univers pour Lui parler. Devenir conscient aussi bien des signes que des mots est un outil formidable, facilement applicable au quotidien, pour se créer une belle vie.

Devenir conscient des mots que nous utilisons implique de se souvenir que chaque mot a sa propre vibration, donc porteur d'un message différent à l'Univers. Ceci s'applique également au choix et à l'ordre des mots dans une phrase. En prendre conscience permet d'améliorer notre quotidien d'une façon éloquente.

Par exemple, au lieu de répondre « Ça ne me dérange pas de t'aider. » à quelqu'un qui vous demande si vous avez du temps, que diriez-vous de confirmer votre disponibilité en utilisant plutôt la phrase « Je vais t'aider avec joie ! » Je suis certaine que vous êtes déjà à même de ressentir la différence entre ces deux phrases qui, à première vue, sont pourtant porteuses d'une même signification.

Nous avons constamment le libre-arbitre quant au choix des mots que nous utilisons, autant verbalement que par écrit. Autant de jour que de nuit. Plus nos mots parlent de paix, d'amour et de lumière, plus nous sommes connectés à l'esprit créateur. Plus nos mots de paix, d'amour et de lumière sont choisis consciemment, plus cette connexion est vivante et vibrante.

Par exemple, dire la phrase : « Je m'entoure de la lumière blanche divine », pendant que trotte dans notre tête un questionnement concernant le lunch à faire aux enfants le lendemain matin, est bien différent que de le faire en pleine conscience, en ressentant chacun des mots dans notre cœur. Je vous invite à l'expérimenter et nous pourrons en reparler…

Dire des phrases en pleine conscience, c'est accepter de voyager, main dans la main, avec des valises de mots qui font sourire notre âme !

Un moyen pour vivre en pleine conscience est justement de prendre conscience des moindres actions que nous faisons machinalement et de les rendre « proactives » en leur associant des mots de cœur. Par exemple, si vous enlevez des toiles d'araignées autour de votre maison ou de votre chalet durant le week-end en faisant le ménage, profitez-en aussi pour enlever les « toiles d'araignées dans votre tête ». Vous pourriez alors dire : « J'enlève les toiles d'araignées à l'extérieur, j'enlève les toiles d'araignées dans ma vie. Merci, merci, merci ! » En pensant, bien sûr, d'y ajouter de la joie et de vous amuser en le faisant car, comme je le répète souvent : « La vie est un jeu ! »

Pourquoi « Merci, merci, merci ! » au lieu de « Merci ! » ? Parce que la répétition, comme tout mantra, aide à prendre conscience des mots et augmente l'ampleur du message transmis à l'Univers.

Je profite de l'occasion qui m'est donnée ici pour dire « Merci, merci, merci ! » à tous ceux qui m'écrivent que mes astuces les aident au quotidien ! C'est formidable, car vous me confirmez ainsi que je fais ma mission de vie qui est, entre autres, de vous proposer des outils facilement applicables au quotidien afin d'élever vos vibrations et de vivre en pleine conscience. Par contre, au lieu de m'écrire que votre vie est ainsi « moins difficile »… que diriez-vous d'affirmer plutôt que votre vie est ainsi « plus facile » ! Souvenons-nous que tous les mots que nous utilisons représentent des demandes (messages) à l'Univers.

Je vais aussi profiter de ce chapitre traitant de la pleine conscience en m'adressant plus spécifiquement à vous qui utilisez fréquemment l'expression « C'est l'enfer ! » quand quelque chose ne va pas à votre goût. Je vous invite à dire plutôt « Le paradis est sur Terre ». Vous enverrez alors la demande à l'Univers de vivre comme si vous étiez déjà au paradis... ce qui est déjà là en fait, car il y a autant de paradis qu'il y a de grains de sable dans le désert.

En d'autres mots, notre paradis est la découverte que nous faisons quand nous acceptons d'aller à l'intérieur de nous pour y puiser notre réalité, celle qui ajoute automatiquement un sourire sur notre visage, accompagné possiblement d'une larme ou deux, signe que notre âme est heureuse de nous voir en prendre conscience. Les mots qui expriment le mieux nos états d'âme trouveront tôt ou tard les portes pour nous rejoindre et nous offrir le vocabulaire pour le partager à notre entourage.

Dans son livre *Et que ne durent que les moments doux,* Virginie Grimaldi l'exprime merveilleusement bien en écrivant : « Les mots ne sortent pas. Ils se percutent dans mon esprit, mais renoncent, conscients de ne pas être assez puissants pour décrire les émotions qui m'étreignent. J'ai envie de pleurer et de rire à la fois. »

Ce que nous appelons « intuition », c'est notre âme qui nous parle, alors faisons-lui confiance.

Je vous partage le programme de vie que j'ai lu un jour et dont j'ai malheureusement oublié d'en noter l'auteur :

> « Juste être là, consciente. Prendre conscience que je suis vivante. Ne rien faire ? Si, vivre. Vivre en conscience. Touchée par le banal, bousculée par le normal. Éclairée par le bénin et l'ordinaire. Éblouie et ravie par la vie. »

Vivre en pleine conscience, c'est voir les mots comme autant de cadeaux à nous offrir jour après jour. Des cadeaux à offrir aux autres aussi.

Élevons toujours plus nos vibrations. Vivons toujours plus en pleine conscience. Et accédons ainsi au dictionnaire de l'Univers.

Un dictionnaire où le mot « Silence » occupe aussi une place de choix.

Plus nous vivons en pleine conscience, plus nous nous rendons compte que le silence entre les mots ajoute à leur pouvoir, comme les silences entre les notes de musique. Nous commençons alors à nous écouter parler avant que s'expriment nos mots. Certains mots que nous choisirons même de taire.

Devenir conscient, c'est réapprendre à parler !

Vivre en pleine conscience, c'est très certainement avoir accès à l'extraordinaire.

Vous êtes extraordinaire, en avez-vous pris conscience ?

EN RÉSUMÉ :

Vivre en pleine conscience, c'est exprimer des mots plus forts que le silence.

Vivre en pleine conscience, c'est choisir les mots directement dans le dictionnaire de l'Univers.

Vivre en pleine conscience, c'est réapprendre à parler.

Phrases que j'ai déjà lues
et mes suggestions en italique

Ne traversons pas la vie sans que nous y soyons pleinement présents.
Traversons la vie en pleine conscience.

C'est dingue comme ça évolue.
J'aime prendre conscience de l'évolution.

Ne perds jamais de vue la lumière de ce phare.
Maintiens ton regard fixé sur la lumière de ce phare.

Chapitre 32

L'intention des mots

J'ai toujours été fascinée par le langage signé des malentendants. Lorsque j'ai commencé à l'apprendre, je me suis rapidement rendue compte qu'un même signe reproduit avec des intentions différentes générait des mots différents. J'ai tôt fait de réaliser aussi qu'il en était de même pour notre belle langue française et que cela expliquait de nombreux malentendus et incompréhensions. C'est donc la combinaison « mot » et « intention » qui est porteur du message à l'Univers.

Ceci me rappelle les participants qui, à mon atelier sur le Changement dans mon havre de paix, me disaient ne pas comprendre que malgré leur consentement donné à l'Univers pour voir leur vie changer, rien ne se passait. Je leur demandais alors de quelle façon ils s'étaient exprimés. Une phrase du type « Oui, je le veux » exprimée du bout des lèvres ou encore en ravalant chacun des mots n'aura certainement pas l'effet souhaité. Je leur faisais alors répéter cette phrase tant et aussi longtemps que le « Oui » était finalement prononcé avec leur cœur grand ouvert. L'intention accompagnant la phrase est tout aussi importante que la réunion des mots qui la composent.

Ça me fait aussi penser à ce concours auquel j'ai participé à l'école, alors que j'étais à la dernière année du cycle primaire. Le professeur nous avait fait part du thème sur lequel devait porter notre dissertation.

J'avoue que ce thème annonçait qu'une multitude de mots tristes seraient utilisés pour y parvenir. J'ai remporté ce concours en traitant ce thème sous son aspect comique. Déjà à cet âge, mon intention était d'aider les gens à prendre conscience que tous les mots, à l'instar des médailles, ont deux côtés. Comme je l'ai dit dans un chapitre précédent : la vie est une belle grande pièce de théâtre ; à nous d'en faire une dramatique ou une comédie !

« L'intention est sans frontières », comme je l'entends souvent. Je rephraserais toutefois en disant quelque chose du type : « L'intention dissout les frontières et ouvre toutes grandes les portes. »

Parlant du pouvoir de l'intention, il vous est probablement déjà arrivé de chercher un objet et de vous laisser un rappel à cet effet, en écrivant sur un *post-it* jaune : « Chercher tel item ». Que diriez-vous, la prochaine fois que vous ferez face à une telle situation, d'écrire plutôt « Trouver tel item »... Vous serez agréablement étonné de la rapidité avec laquelle cet objet réapparaîtra dans votre vie !

Comme l'a un jour écrit Sésame : « Les mots ont un pouvoir vibratoire, les pensées et les intentions aussi. À chaque instant, tu as le choix de créer des vibrations en harmonie avec toi. »

Et au moment de clore ce chapitre, je vois que Sophie Landry vient d'ajouter cette phrase sur son profil Facebook : « La beauté ne se trouve ni dans les belles paroles, ni dans le paraître. La véritable beauté se trouve derrière l'intention pure et la sincérité du cœur. »

Puis, un jour, nous prenons également conscience que lorsque la combinaison « intention » et « mots » semble insuffisante pour s'aider et aider la Terre, nous faisons face à un appel de l'Univers d'entrer en soi pour méditer et ainsi permettre à l'intention des mots silencieux d'agir en pleine conscience.

EN RÉSUMÉ :

Le même mot dit avec deux intentions différentes génère un message différent.

Se rappeler de « trouver » au lieu de « chercher » accélère le retour de l'objet souhaité.

Combiner les mots que nous utilisons à une intention comique ou dramatique fait toute la différence au monde !

Phrases que j'ai déjà lues *et mes suggestions en italique*

On n'empêche pas un cœur d'aimer.
Un cœur est fait pour aimer.

Je n'ai pas le choix d'être concentré.
J'ai l'intention de me concentrer.

Il n'y a aucune chance que ça arrive.
Tous les possibles sont déjà inscrits dans l'Univers.

Chapitre 33

Mots d'accompagnement en fin de vie

Parlant d'intuition, il arrive souvent qu'une personne m'écrive pour me parler d'accompagnement en fin de vie. En fait, elle me dit être appelée au chevet d'un membre de sa famille ou d'un ami en fin de vie et se demande s'il existe des « mots magiques » afin d'aider l'envolé à ouvrir ses grandes ailes et aller vers la Lumière.

À tous ces gens qui s'inquiètent de ne pas savoir quoi dire au chevet d'une personne qui traverse son dernier segment de vie sur Terre, je réponds qu'il suffit de laisser parler notre cœur, sans permettre à notre tête d'analyser tous les mots énoncés ! Notre cœur sait exactement, en tout temps, ce que l'autre personne a besoin d'entendre, de ressentir, pour l'aider à réaliser ses derniers moments avant de traverser la grande Porte. Il suffit de se faire confiance et tout sera divinement parfait ! Quand on laisse parler son cœur, le choix des mots devient évident.

Le moment venu, nous saurons aussi s'il est mieux de s'exprimer à haute voix ou de faire silence. Le silence peut s'avérer tellement plein, et les paroles complètement inutiles. En toute situation, laissons notre cœur nous guider ; il saura parler ou se taire, autant pour le bien de celui qui s'apprête à quitter que pour son entourage.

Un simple regard peut aussi être porteur de la puissance de mots silencieux.

En ces instants de fin de vie sur Terre, les mots d'amour, de paix et de lumière que nous exprimons se transforment en poussières d'étoiles capables de traverser les océans et les dimensions, pour aller se déposer sur les cœurs des personnes touchées par ce départ.

Souvenons-nous qu'une seule parole d'Amour vaut souvent mieux que mille mots inutiles.

Ceci me rappelle un séminaire que j'ai suivi sur l'accompagnement en fin de vie, où les deux jours se sont conclus de la façon suivante : « Le moment venu, oubliez tout ce que vous avez appris et laissez votre cœur vous guider. Il saura parler ou se taire. »

La mort physique, incluant l'accompagnement en fin de vie, me fascine depuis toujours. Le nombre de mots pour vous en parler saurait sûrement remplir les pages d'un prochain livre…

EN RÉSUMÉ :

Quand on laisse parler son cœur,
le choix des mots devient évident.

Le moment venu, notre cœur saura parler ou se taire.

Phrases que j'ai déjà lues
et mes suggestions en italique

L'âme ne s'arrête jamais et n'oublie jamais.
L'âme se souvient éternellement.

Son absence va rendre ma vie fade.
Sa présence a embelli ma vie.

Je n'aime pas les mots qui me font pleurer.
L'âme se réjouit des mots qui nous font verser des larmes.

Chapitre 34

Phrases au quotidien

Bien que les mots qui s'invitent en fin de vie n'aient pas à être prévus à l'avance, notre rituel du matin et du soir peut être constitué de phrases qui s'associent facilement à des mantras. Un nombre de phrases et un contenu suffisamment flexibles pour être modifiés au fil de notre quotidien. Il est bien certain que si je vous faisais part des phrases que je répétais il y a une dizaine d'années, vous noteriez rapidement que certains mots ont disparu pour faire place à d'autres, cueillis ici et là, à même des conversations lues et entendues. En fait, je m'assure que mon rituel soit constamment composé de mots qui font vibrer mon cœur et mon âme. Une recette dont j'aime m'alimenter le matin, avant de sortir du lit, ainsi que le soir, juste avant de retourner au pays des rêves.

Peut-être avez-vous déjà votre rituel du matin et du soir, sinon je vous partage le mien en exemple. Une base appelée à être personnalisée à votre goût vibratoire, selon vos croyances et votre vérité.

Avant de sortir du lit

Merci, mon Dieu[8], pour la belle nuit.

Pour débuter ma journée, je m'entoure de la belle lumière blanche divine, qui part en plein milieu de la Terre, s'enroule en spirale tout autour de moi et se rend jusqu'à l'infini dans le Ciel.

Je m'unis à tous mes guides, à tous les anges, tous les archanges, tous les Êtres de Lumière et Peuples de Lumière de partout dans le cosmos. Je m'unis également à ma belle grand-maman Rose, à papa Armand, à Orégane, à tante Hélène, à oncle Jacques, à ma belle cousine Lise, à ma belle âmie Jeanne Poupart et à sa nièce Alexandra. Je vous bénis tous, je vous envoie de la Lumière et de l'Amour. Je vous remercie, encore une fois aujourd'hui, de bien vouloir me guider sur ma belle route de vie et m'aider à réaliser toujours plus ma mission de vie. (J'ajoute ici les activités qui figurent à mon agenda. Par exemple, ce matin, j'ai dit : Merci de m'aider à écrire le chapitre 34 de mon livre sur *Le pouvoir des mots.)*

Je me bénis et je m'envoie de la Lumière et de l'Amour. Je bénis mon fils, Jean-François Gagnon, et je lui envoie de la Lumière et de l'Amour. Merci de l'aider à recevoir par intuition ses paroles et ses actions afin de réaliser toujours plus sa mission de vie. Je bénis aussi Alain Williamson, Marie-Chantal Martineau et toute l'équipe des *Éditions Le Dauphin Blanc* pour une santé parfaite et la continuité de leurs belles missions de vie.

Je bénis aussi toutes les personnes qui m'ont demandé de l'aide. (Je nomme explicitement chacune, ainsi que la raison de l'aide demandée – déménagement, opération, santé, trouver un travail, etc. En les bénissant, je sous-entends bien entendu de les aider à reprendre leur pouvoir intérieur et réaliser qu'elles peuvent y parvenir elles-mêmes.)

Je bénis également tous les animaux de la Terre afin que seuls les gens et les animaux qui marchent sur la route de la Lumière puissent les voir et entrer en contact avec eux.

---

8. Dieu peut être remplacé par l'Univers, la Source ou le Grand Tout.

Père[9], que ta Volonté soit faite et non la mienne ; fais de moi ton Instrument d'Amour, de Paix, de Joie, de Lumière et de Guérison. Merci ! Merci ! Merci !

Je suis un Être de feu violet, argent et or[10] ; je suis la pureté que Dieu[11] désire.

Mon Dieu[12], encore une fois aujourd'hui, je me rends disponible pour servir la Lumière. Merci d'envoyer vers moi les gens que je pourrai aider grâce aux mots que je leur dirai et que je leur écrirai.

Je te bénis, belle Terre d'amour ; je t'envoie de la Lumière et de l'Amour. Et pour que ce soit encore plus puissant, je bénis et j'envoie de la Lumière et de l'Amour à toutes les personnes, tous les animaux, tous les cristaux, tous les minéraux et tous les végétaux. Placés en cercle autour de toi, nous t'envoyons simultanément, de nos chakras du cœur au tien, Amour, Paix et Lumière. Un beau grand feu de joie s'initie alors en ton cœur afin de t'aider à rétablir ta température interne et externe et conserver dans tes rangs ceux qui pourront t'aider à redevenir totalement Amour inconditionnel.

En prenant du rince-bouche

Je bénis ma gorge, je bénis ma gorge, je bénis ma gorge[13]. Je lui envoie de la Lumière et de l'Amour. Je lui envoie de la Lumière et de l'Amour. Je lui envoie de la Lumière et de l'Amour. Toutes les cellules de tous mes corps[14] sont en pleine santé. Je suis en pleine santé. Je suis en pleine santé. Je suis en pleine santé. Merci ! Merci ! Merci !

9. Ou tout autre mot qui vous aide à demeurer humble.
10. J'ajoute « argent et or » qui sont respectivement les couleurs de la 4e et de la 5e Dimension.
11. Dieu peut être remplacé par l'Univers, la Source ou le Grand Tout.
12. Dieu peut être remplacé par l'Univers, la Source ou le Grand Tout.
13. Rappelons-nous que la gorge est le chakra de la Communication.
14. Je parle ici de nos corps subtils, incluant notre corps de Lumière, d'où prend origine la Santé.

En prenant ma douche

Je me lave et je lave tous les enfants de la Terre qui aimeraient aussi avoir de l'eau.

Je lave mon corps physique, je lave ma journée.

L'eau qui coule sur ma tête se transforme en poussières d'étoiles pour ajouter magie et féerie dans ma journée.

En passant à proximité de mes plantes (une fois par jour)

Merci belles plantes d'amour de votre présence dans ma vie. Je vous bénis et je vous envoie de la Lumière et de l'Amour. Merci pour tous vos nouveaux bébés. Merci d'ajouter de la vie dans mon quotidien.

À chacun des repas

Je bénis ma nourriture, ainsi que toutes les personnes qui ont permis qu'elle se rende jusqu'à moi.

J'ajoute de l'amour et de la lumière dans mon repas.

Je garde uniquement ce qui est bon pour moi et j'élimine facilement et naturellement tout le reste.[15]

Lorsque je quitte mon domicile

Je bénis ma résidence et je lui envoie de la Lumière et de l'Amour. Je l'entoure d'un beau cylindre de cristal qui part en plein milieu de la Terre et se rend jusqu'à l'infini dans le Ciel. Seuls les gens qui marchent sur la route de la Lumière voient mon domicile et peuvent se rendre jusqu'à lui. Seuls les gens qui en possèdent la clé peuvent y entrer. Merci, merci, merci !

15. On peut aussi dire cela pour un vaccin !

Lorsque j'entre dans un véhicule

Je bénis ce véhicule et je lui envoie de la Lumière et de l'Amour. J'entoure ce véhicule d'anges et d'archanges et je place un beau cylindre de lumière divine tout autour afin de protéger le conducteur et tous les passagers, ainsi que tous les véhicules et personnes qui croiseront notre route. Merci tout spécialement à toi, Archange Michaël, de m'aider à entourer le véhicule d'un espace-temps suffisant pour permettre au conducteur de réagir en toute occasion.

Le soir, avant de m'endormir

Merci, mon Dieu[16], pour la belle journée.[17] (Je remercie également pour des points précis que j'ai particulièrement aimés dans ma journée, si possible différents à chaque soir !)

Je m'entoure de la belle lumière blanche divine, qui part en plein milieu de la Terre et s'enroule en spirale tout autour de moi, jusqu'à se rendre à l'infini dans le Ciel.

Je me bénis et je m'envoie de la Lumière et de l'Amour.

Je bénis aussi toutes les personnes qui m'ont demandé de l'aide (je les nomme), tout en les voyant en pleine santé et en joie.

Aussi, s'il pleut beaucoup ou s'il vente énormément, on peut ajouter une phrase du style : « Merci à toute cette pluie de laver la Terre et de laver ma vie ! » ou « Merci au vent et à l'archange Uriel de nettoyer la Terre et de nettoyer ma vie. »

Être spirituel, c'est aussi inclure consciemment des éléments « extérieurs » dans nos phrases quotidiennes afin d'illuminer notre vie.

Bon dodo !

16. Dieu peut être remplacé par l'Univers, la Source ou le Grand Tout.
17. Même si, à notre avis, l'humain que nous sommes a trouvé cette journée plutôt difficile, nous prendrons un jour conscience pourquoi, en fait, elle était si belle !

EN RÉSUMÉ :

Assurons-nous de débuter et de clore chaque journée avec des mots qui vibrent aux couleurs de notre âme.

Combinons des mots de cœur significatifs à chacune de nos actions quotidiennes.

Soyons suffisamment flexibles pour modifier nos « recettes » du matin et du soir.

Phrases que j'ai déjà lues *et mes suggestions en italique*

Ne jamais sombrer dans la routine.
Se créer un quotidien à la hauteur de nos couleurs d'âme.

Je ne veux pas être malade d'avoir mangé de la nourriture pas fraîche.
Je garde uniquement ce qui est bon pour moi et j'élimine facilement et naturellement tout le reste.

J'espère que je n'aurai pas d'accident en allant au travail.
Je me rends au travail en toute sécurité.

Chapitre 35

Des mots invisibles, à portée de cœur!

Voilà déjà une semaine que les mots de ce titre sont couchés sur papier. Aucune autre phrase n'y figure pourtant encore. Situation bien inhabituelle de ma part. C'est même plutôt le contraire qui s'invite habituellement dans mon quotidien. J'entends pourtant plein de mots issus d'un autre Ailleurs, de cette voix à la fois enfantine et tellement sage. Sans avoir eu le temps et la joie de faire sa connaissance officielle en cette vie, je reconnais son vocabulaire. Des mots tissés d'Amour, de Paix et de Lumière. Des expressions issues de sa France natale.

Belle Ange d'Amour, depuis une semaine, alors que tu célèbres ton premier AnniverCiel[18] dans ta Maison Là-Haut, et que les membres de ta famille terrestre permettent à leurs larmes, parfois de tristesse et parfois de bonheur pour toi, de glisser sur leurs joues, tu cherches à attirer mon attention par tes mots célestes.

Par des Signes aussi. Tu savais que de recevoir la phrase *« Ce livre-cadeau sera livré* ***entre*** *le 9 et le 10 novembre »,* spécifiquement pour un

18. Anniversaire de décès

livre que je venais d'envoyer à ta Mam'Ange[19], me permettait d'associer immédiatement ces mots à tes vibrations, belle *Pieuvre* d'amour, dont la date d'envolée diffère (9 ou 10 novembre) si je m'adresse à ta famille ou au personnel médical. Des mots en signe de preuve de ta présence éternelle au côté de tous ceux que tu aimes tant.

En fait, entre le moment où ton papa, ton allié, t'a entendue lui souffler à l'oreille du cœur que tu désirais t'appeler Orégane en cette vie, et ton retour dans ta grande Maison, tu savais que tu disposais d'un peu moins de trois ans et demi pour exprimer tous les mots que tu avais apportés dans ton petit baluchon. Toi, la grande Voyageuse.

Des mots lumineux que tu as exprimés à tout ton entourage. Des mots qui suscitaient souvent des exclamations associées au comportement d'une vieille âme de la part de ceux qui les recevaient. Des mots silencieux aussi, qui s'imprimaient dans le cœur de tes récipiendaires grâce à ton sourire empreint de joie. Et tous ces mots pour lesquels l'air et le temps t'ont manqué…

Des mots que tu as toutefois su exprimer par télépathie et que ton papa a su capter : donner tes organes à de petits receveurs. Petits, en dimensions de corps physique. Grands, en vibrations d'âme.

Quatre enfants à qui tu as ainsi donné l'opportunité de continuer à s'exprimer sur Terre. Et une enfant dont l'intérieur est tapissé d'amour peut uniquement offrir des mots d'amour à ses receveurs. La réouverture de tes Grandes Ailes aura donc ensemencé toujours plus de mots d'amour sur notre belle planète bleue. Merci, merci, merci !

Aussi, en ce premier AnniverCiel, tu te fais très bavarde, belle *Bichette* d'amour, pour aider ta maman Virginie à réaliser sa mission de vie. Des mots issus d'un Invisible que j'ai le bonheur de capter de cœur à cœur et d'âme à âme. Un dialogue que j'ai retransmis à ta maman avec grande joie afin de l'inviter à faire taire les mots bruyants provenant de l'extérieur et prioriser ceux issus de son intérieur et de toi, son Ange. Des mots qui aident à grandir et qui appellent la guérison. Des mots libérateurs. Des mots d'amour et d'ouverture de conscience. Une histoire, la vôtre, à être racontée pour en aider d'autres qui vivent aussi des envolées

19. Maman d'un enfant qui a déjà repris ses Grandes Ailes.

prématurées. Des mots à être partagés dans un havre de paix pour les parents, les frères et les sœurs, ainsi que des conférences pour parler des nombreux bienfaits du don d'organes.

Merci Virginie[20], Frédéric et Orégane de m'accueillir parmi vous comme Messagère d'Amour !

Merci aussi à ceux qui expriment, par écrit ou verbalement, tous ces mots issus de l'Invisible.

Puis, au moment de clore ce chapitre, j'ai entendu dans ma 3e Oreille d'envoyer une image bien spécifique à Virginie et Frédéric – ce que j'ai aussitôt fait. Ils ont été estomaqués, car c'était le personnage qu'ils voulaient ajouter sur les rideaux de chambre d'Orégane, avant sa grande envolée. Et Frédéric de s'exclamer : *« Ah ben, elle est là !!! »*

Partager à une famille endeuillée les mots reçus de l'Invisible et ressentir tout le bien que cela leur procure, c'est recevoir un énorme cadeau.

Cueillir les mots à même l'Invisible, c'est aussi aider nos bien-aimés qui habitent désormais de l'autre côté du Voile à reprendre vie sur Terre, le temps d'un Instant d'Amour…

EN RÉSUMÉ :

Les mots d'amour d'ici et ceux issus de l'Invisible ont une même portée lumineuse.

Les mots dans l'Invisible attendent d'être cueillis par des oreilles attentives.

Merci à toutes les familles de grands envolés à continuer de porter leurs mots sur Terre !

Les mots captés de l'Invisible et exprimés, verbalement ou par écrit, sont tout autant d'empreintes additionnelles sur la Terre.

---

20. Les parents d'Orégane peuvent être joints à l'adresse lecoeurdoregane@orange.fr

Phrases que j'ai déjà lues
et mes suggestions en italique

N'oubliez jamais de vous accorder du temps.
Pensez à vous accorder du temps.

Je ne résiste pas devant un enfant.
Je reçois, le cœur grand ouvert, l'amour d'un enfant.

Ne pleure pas parce que c'est fini.
Souris parce que c'est arrivé.

Chapitre 36

Un éveil infini !

Sommes-nous conscients que nous créons à chaque instant ?

Cette interrogation me rappelle le court entretien avec un Maître : « Un jour, tu comprendras que tu crées ta vie. », ce à quoi j'avais répondu : « Je l'ai bien compris. » Et le Maître d'ajouter : « Oh non, car le jour où tu en auras véritablement saisi toute la portée, tu ne te poseras plus jamais de questions, car tu ressentiras réellement que tu peux créer l'infini des possibles. »

Une vingtaine d'années se sont écoulées depuis. Des phrases qui, je l'avoue, remontent encore parfois à la surface de mon quotidien.

Des mots qui se sont inscrits dans mon cœur à l'encre indélébile d'Amour et de Lumière. Des mots qui m'aident à me souvenir de notre pouvoir créateur. Une création qui peut sembler restreinte si nous utilisons les dictionnaires créés par l'humain. Une création infinie lorsque nous puisons nos mots dans le dictionnaire de l'Univers.

Bouddha a dit un jour : « Les mots ont le pouvoir de détruire et de soigner ; lorsqu'ils sont justes et généreux, ils peuvent changer le monde. »

Et plus récemment, Aurélie Valognes a dit : « Les mots ont un pouvoir. Ils consolent, blessent ou réparent. »

Bien que notre *ego* adore s'amuser à maintenir un quotidien plutôt monotone, éveillons constamment notre conscience en assumant que nous sommes le chef d'orchestre des mots que nous utilisons.

« Avec des mots d'amour, nos cellules fleurissent. Avec des mots négatifs, nos cellules flétrissent. D'où l'importance, dans tous les aspects de notre vie, de choisir des paroles faisant grandir le beau chez l'autre. », comme l'a si bien exprimé Johanne Therrien dans son livre *Les Channels.*

J'ajouterais aussi « des paroles faisant grandir le beau en soi », car tous les mots que nous émettons sont d'abord entendus par nos propres oreilles, avant d'aller se loger au cœur de notre chakra du cœur pour l'infini.

Dans son livre *Galactée,* Louise Desautels a écrit : « Si tu te répètes tout le temps que tu n'es pas assez bon ni assez intelligent, tu nourris sans cesse ta propre dévalorisation. Tu envoies à ton cerveau le message que tu ne réussiras pas avant même de commencer. »

Assurons-nous donc que nos paroles et nos actions vont dans la même direction. Par exemple, plusieurs personnes me demandent pourquoi, malgré qu'elles disent à haute voix être prêtes à recevoir l'abondance dans leur vie, ça ne s'est pas encore vraiment concrétisé. Ce sont pourtant ces mêmes personnes qui refusent souvent l'aide qui leur est offerte, en disant qu'elles sont capables de le faire elles-mêmes ! Nos pensées sont des mots silencieux ; nos paroles sont les actions qui en découlent. Tous ces mots vont-ils dans la même direction ? Accepter l'aide d'une personne en lui exprimant notre « Oui » est une merveilleuse façon d'enclencher la roue de l'abondance dans notre vie. Encore faut-il savoir ce que nous désirons vraiment car, pour certains, paroles et actions semblent diverger grandement…

Les mots sont un merveilleux outil : « Ce que l'on conçoit bien s'énonce clairement, et les mots pour le dire arrivent aisément », comme l'a si bien dit Nicolas Boileau-Despréaux.

En certaines situations, plusieurs personnes choisissent de ravaler leurs mots avant même d'avoir eu le temps de les exprimer au grand jour. Pourquoi une telle retenue ? La réponse à cette question se trouverait-elle au chapitre de l'opinion des autres…?

À ce sujet, James Van Praagh a écrit : « L'opinion des autres n'a aucune importance si vous remplissez le dessein de votre vie. En vous préoccupant des pensées ou des paroles des autres, vous renoncez à votre pouvoir, ce qui représente le moyen le plus sûr de vivre une vie insatisfaisante. »

Tout ce pouvoir est déjà nôtre, emmagasiné dans notre baluchon de vies. Respectons-nous suffisamment pour s'y référer et le développer au rythme qui nous convient. Des mots qui s'en échapperaient à une vitesse qui ne nous appartient pas pourraient écrire plutôt l'histoire de nos voisins, au lieu de celle que nous sommes revenus vivre en cette vie…

Ceci me rappelle le jour où j'ai reçu le message suivant d'une amie Facebook : « Depuis que je suis toute petite, j'entends des expressions telles que “ Dépêche-toi ! ”, “ Tu n'es pas assez rapide ! ” et “ Avance plus vite ! ”. J'ai enfin pris la décision, il y a un mois, d'avancer à MON rythme, et pas à celui des autres !! J'amorce ma renaissance, pour faire ce qui est en accord avec moi ! »

Je lui ai aussitôt répondu : « Oui, c'est bien de s'éveiller et de créer ; encore faut-il avancer à la vitesse qui fait vibrer notre âme. »

Et dans le mot « vitesse », j'entends aussi le mot « patience ». J'ai bien ri un jour lorsque j'ai lu le commentaire suivant d'une personne sur Facebook : « Mon Dieu, mon Dieu, donnez-moi de la patience... mais faites-vite !!!! »

Aussi, un beau cadeau à faire à nos enfants est de leur partager, par nos paroles et nos actions, que le mot « avoir », bien que débutant par la première lettre de l'alphabet, a tout intérêt à être légué aux oubliettes le plus souvent possible pour donner la place au mot « être », porteur d'un chapeau d'éveil du pouvoir créateur.

Soyons des êtres éveillés grâce au pouvoir des mots que nous choisissons d'utiliser !

EN RÉSUMÉ :

Nous sommes le chef d'orchestre des mots que nous utilisons.

La création s'accélère lorsque les mots pensés et les mots exprimés vont dans la même direction.

Exprimons-nous à la vitesse qui fait vibrer notre âme.

Phrases que j'ai déjà lues
et mes suggestions en italique

Je n'ai pas encore renoncé.
Je suis toujours aussi passionné.

Votre publication m'a coupé le souffle !
Votre publication est une bouffée d'air pur !

Très bon livre, tu ne seras pas déçu.
Ce livre saura te plaire !

Épilogue

J'aime les mots depuis toujours. Les dire et les écrire.

Les lire aussi. Tous ces mots recueillis sous forme de textes et de livres.

Et c'est vrai d'aussi loin que je puisse remonter le temps.

Déjà, toute jeune, mes petits voisins prenaient place sur les marches de l'escalier arrière de mon domicile dans l'attente que le professeur qu'ils voyaient en moi puisse leur enseigner des mots.

À mon entrée à l'école primaire, à l'âge de 4 ans, l'enseignante fut étonnée que les lettres de l'alphabet et les chiffres fassent déjà partie de mon petit baluchon. Inutile de lui laisser savoir que je cultivais cet amour depuis plusieurs vies déjà.

Quelques années plus tard, j'ai aussi été choisie pour écrire la date du jour au tableau, à tous les matins d'école. Des mots puissants pour se souvenir d'où nous venons et où nous sommes.

Je repense aussi à tous ces « merci, merci, merci » que je semais aux quatre vents. Même à ceux qui répliquaient qu'ils ne m'avaient rien donné et à qui je répondais que leur seule présence était déjà en elle-même un cadeau. Leur étonnement exprimé à mots retenus m'a alors enseigné toute la portée du silence.

Et que dire de cette fille, dans ma classe de français en Secondaire I, dont le vocabulaire semblait contenir plus de nouveaux mots à chaque jour du calendrier. Ses phrases cousues au fil de la joie faisaient vibrer mon âme. Sa facilité d'expression m'invitait à en faire autant. J'ai alors ressenti que ses mots la libéraient et l'affranchissaient de toute forme de chaîne, lui octroyant par le fait même un pouvoir de se créer une vie à son image !

J'ai alors choisi de placer les mots au cœur de ma mission, en prenant la Plume !

Cette plume, sans chaîne, qui enchaîne les mots.

« J'adore les mots, les tournures de phrases, les jeux de mots. Ils me font voyager depuis que je suis toute petite », comme l'a si bien écrit Suzanne Doré.

Depuis une douzaine d'années, je vous parle sur Facebook. Je vous lis et je vous réponds. Toujours avec la même joie. Une joie qui habite chacun des mots que j'utilise pour communiquer. Des mots vêtus d'amour et de lumière. Les plus puissants vêtements terrestres.

J'avoue que je suis parfois surprise de lire des phrases dont les mots de construction appellent à l'allègement. J'ose souvent vous en faire part. Plusieurs s'exclament en émoticônes et réalisent rapidement la facilité d'en modifier la structure en optant pour des mots moins nombreux et plus puissants. Des mots qui éveillent la conscience aussi. Des mots qui appellent un résultat de la même famille que celui souhaité.

D'autres réaliseront plus tard que de dire, par exemple, « Je ne veux pas être malade pendant tout l'hiver » résonne différemment, aux oreilles et au cœur de l'Univers, que la simple phrase « Merci d'être en santé parfaite durant tout l'hiver ! ». Ici et Maintenant est toujours le moment idéal pour éveiller notre pouvoir créateur.

Rappelons-nous aussi que nous sommes tous l'écrivain de notre propre livre. Un livre, c'est tout plein de mots. On sème une graine qui peut faire beaucoup de chemin, lentement, sûrement. Henri Bergson a dit : « L'art de l'écrivain consiste surtout à nous faire oublier qu'il emploie des mots. »

« Des mots qui voyagent entre l'imaginaire et la réalité, déposant ici et là des consonnes et des voyelles qui s'assemblent pour nourrir notre être. », tel que me l'a un jour écrit Madeleine Fontaine.

Et puisque les cellules de notre corps réagissent à tout ce que nous disons, soyons en tout temps Amour, Paix, Lumière et Joie. Soyons positifs !

En ces derniers paragraphes du présent livre, je souhaite de tout cœur que les mots que vous direz à haute voix et en silence soient empreints de vos couleurs d'âme afin qu'ils y puisent tout leur pouvoir.

Comme l'a écrit Alain Williamson dans son livre *Le Calepin de David Marteens :* « Efforce-toi d'être parfaitement bilingue. Apprends à parler aussi bien le langage du cœur que celui de l'esprit. »

Ceci me rappelle également le proverbe russe suivant : « Si votre cœur est une rose, votre bouche dira des mots parfumés. »

En souvenir de la puissance de l'expression « Je suis », j'ajouterai que « Je suis aux anges d'avoir écrit ce livre pour vous et je souhaite de tout cœur que vous le serez de l'avoir lu. »

Il se peut toutefois qu'après avoir lu ce livre, vous expérimentiez d'abord le silence et que le nombre de mots que vous émettrez quotidiennement soit à la baisse pour quelque temps. En fait, vous vous écouterez d'abord parler à l'intérieur, à la recherche de formulations positives exprimées au temps présent. Je suis certaine que vous excellerez rapidement en la matière et que votre débit redeviendra vite « normal ».

Aussi, je souhaite de tout cœur que vous oserez modifier la recette de base que je vous ai proposée, en lui ajoutant vos assaisonnements préférés, comme en fait mention la phrase publicitaire suivante : « Ma langue est plurielle, elle prend toutes sortes d'accents. »

Merci de marcher le chemin avec moi et douce continuité sur la route des mots.

Le mot de la fin vous appartient !

Remerciements

Un mot à la fois, ce livre a vu le jour.

Mon premier Merci s'adresse donc à tous ces mots qui ont accepté de valser avec moi et de s'unir pour former mon message !

Merci à Virginie, Frédéric, Émilien et Lubin, la famille terrestre d'Orégane, de leur grande ouverture d'esprit et de leur partage afin d'aider les mots de cette Ange d'Amour à laisser une empreinte additionnelle de sa venue sur Terre en cette vie !

Merci à tous les professeurs qui m'ont appris à parler et à écrire, d'abord des mots, puis des phrases et des paragraphes ! Savaient-ils qu'ils m'enseignaient également à les aligner pour former des livres ?

Merci à ma belle Équipe céleste qui me souffle constamment des mots d'Amour venus d'un autre Ailleurs, des mots à l'encre lumineuse que ma Plume prend une grande joie à retranscrire !

Merci à Julï Lesage, peintre inspirée qui m'a autorisée à utiliser une de ses toiles en page couverture ! Je nous savais déjà reliées par un certain tréma… signe qu'un mot peut étendre ses ailes de ponctuation pour un plus grand envol !

Merci à ma belle âmie Carole, ma lectrice de première heure, celle chez qui mes mots trouvent écho afin de me revenir grandis et énergisés pour la suite de l'histoire ! Merci d'ajouter de l'amour aux ailes de ma plume et de saupoudrer constamment de la poussière d'étoile sur les mots appelés à former le chapitre suivant !

Merci à mes amis Alain et Marie-Chantal de croire en mes mots avant même qu'ils s'impriment noir sur blanc pour éventuellement s'approprier leurs couleurs respectives! Merci également à Marjorie, Mélanie et à toute l'équipe des *Éditions Le Dauphin Blanc*. Vous m'aidez grandement à faire voyager mes mots, jusqu'à leur faire traverser l'océan qui les relie à mes lecteurs outremer.

Merci à Ti-Chat, dont j'ai nourri et aimé l'itinérance à chaque jour de l'écriture de ce livre. Ses mots invisibles, captés par télépathie, ont fait ronronner ma joie !

Merci à tous ceux qui m'ont offert, sans le savoir, des perles cachées sous des coquilles ! Vos phrases cousues de mots savoureux se sont taillées une place à la fin de chacun de mes chapitres, espérant ainsi décrocher des sourires, et peut-être même susciter des rires.

Merci aussi à vous, chers lecteurs qui avez répondu présents depuis mon premier livre, ainsi que vous qui avez choisi de lire mes mots pour une première fois ! Je vous en suis profondément reconnaissante.

Un clin d'oeil divin à toi, belle grand-maman Rose, qui m'a ouvert le dictionnaire de ton coeur dès mon 4e anniversaire, m'invitant, assise sur tes genoux et à l'encre lumineuse, à remplir toutes les cases de tes nombreux mots croisés.

Et, finalement, Merci à Jean-François, qui m'a choisie pour maman en cette vie et qui, au fil du temps qui passe, m'apprend à parler les mots du cœur, le langage de l'Amour. Namasté

MARQUIS

Québec, Canada